不思議の還御と正本堂崩壊をもたらした
平成二年の阿部日顕管長への諫暁書！

「正本堂の誑惑を破し懺悔清算を求む」

浅井昭衞 著

発刊 まえがき

本書は平成二年四月二十七日付を以て、阿部日顕管長に送附した諫暁書《かんぎょうしょ》である。この年の十月には、「本門寺改称」という、正本堂の誑惑《おうわく》の完結ともいうべき陰謀が、まさに実施されんとしていた。この大悪事を打ち摧《くだ》くため、この諫暁書は認《したた》められた。

申すまでもなく「正本堂」なる建物は、国立戒壇を否定する目的で建てられた、たばかりの堂宇《どうう》である。

日蓮大聖人の唯一の御遺命《ごゆいめい》は、広宣流布の暁の国立戒壇建立である。この国立戒壇建立こそ、本門戒壇の大御本尊の妙用《みょうゆう》により、日本を仏国化し、ひいては全世界を寂光土《じゃっこうど》と化する秘術で、大聖人の究極の大願はここにあられる。

したがって、もしこの国立戒壇建立の御遺命を破壊《はえ》せんとする者あれば、その者は、恐れ多くも流罪・死罪を忍び給うた御本仏の一代三十年の御化導を水泡《すいほう》に帰せしむるの大罪に当る。

だが、この大悪を犯す者が、なんと正系門家に現われたのである――。それが、創価学会第三代会長・池田大作であった。

その彼も、曽ては「国立戒壇」の正義《しょうぎ》を唱えていたものである。

「国立戒壇の建立こそ、悠遠《ゆうえん》六百七十有余年来の日蓮正宗の宿願であり、また創価学会の唯一の大目的なのであります」（大白蓮華・昭和31年4月号）と。

しかし天魔がその身に入ったのであろう。政治野心に燃える池田大作は「国立戒壇」が世間に抵抗多く選挙に不利をもたらすと知るや、自ら「宿願」「唯一の大目的」と言っていた国立戒壇を、弊履《へいり》のごとくに投げ捨てた。

そして俄《にわか》に、大石寺の境内《けいだい》のはずれに「正本堂」なるものを建て、これを「御遺命の戒壇」と偽称《ぎしょう》したのであった。

未だ広宣流布も達成せぬうちに、御遺命の戒壇が建つはずもない。これは三歳の童子《どうじ》にもわかる道理である。

だが、この天を地といい、東を西というごときたばかりが、池田に諂《へつら》う「時の法主《ほっす》」細井日達管長の絶対権威と、同じく宗務院教学部長・阿部信雄《しんのう》（現・

日顕管長）の巧妙なる詭弁《きべん》によって成功したのである。

そのさまは報恩抄の

「例せば、国の長《おさ》とある人、東を西と言い天を地と言い出しぬれば、万民はかくのごとくに心うべし。後に卑《いや》しき者出来《しゅったい》して、汝等が西は東、汝等が天は地なりといはば、用《もち》うることなき上、我が長《おさ》の心に叶《かな》わんがために、今の人を罵《の》り打ちなんどすべし」

の仰せのままであった。

宗門においても誰人も背けぬ「法主」と、八百万学会を率いる権力者・池田大作の言うことであれば、全信徒はこのたばかりを信じた。かくて「国立戒壇」は邪義として抛《なげう》たれ、民衆立戒壇とて「正本堂」が全僧侶・全信徒に讃嘆されたのであった。

この御遺命破壊の大悪を見て、もし黙止すれば、御本仏大聖人への大不忠となる——。このことを恐れて、私は昭和四十五年三月、御遺命守護の御奉公に立ち上がった。

以来、連々たる激しい諫暁・論判が続けられた。

四条抄に云く

「仏法と申すは道理なり、道理と申すは主《しゅ》に勝つ物なり」と。

いかなる権威・権力も、正しい道理には勝てない。必死の強諫はついに権威と権力を打ち破った。その結果、学会・宗門は正本堂の落成式までに、二度も正本堂の欺瞞《ぎまん》を訂正し、今後の誑惑《おうわく》なきを誓ったのであった。

だが、正本堂の落成式が過ぎると、またまた池田大作は誑惑を口にし始めた。加えて、あろうことか顕正会（当時妙信講）に対し、国立戒壇を捨てるべき旨を、細井日達管長をして要請せしめた。

この卑劣・無慚《むざん》を見て、私は前にも増して強くその御遺命違背を責めた。

ここにおいて学会・宗門は開き直り、ついに妙信講に解散処分を下した。その理由は「宗門が禁止する国立戒壇を主張し、正本堂の訓諭《くんゆ》に背くゆえ」というものであった。時に昭和四十九年八月十二日。

この処分で妙信講を抹殺《まっさつ》したつもりの池田大作は、これより誰に憚《はばか》ることなく、誑惑の完結を押し進める。解散処分の三月後には、学会の本部総会で細井管長に「本門寺改称」について言及させた。

「日本全人口の三分の一が入信すれば広宣流布であり、その時には、我が大石寺は僧俗の関係者協議の上で、大聖人ご遺命の富士山本門寺と改称することもあり得る」（取意）と。

この「本門寺改称」が、いかなる意味を持つかといえば——大石寺が富士山本門寺と改称されれば正本堂は自動的に富士山本門寺本堂になり、一期《いちご》弘法付《ぐほうふ》嘱書《ぞくしょ》の「富士山本門寺戒壇」また百六箇抄《ひゃくろっかしょう》の「富士山本門寺本堂」の金文《こんもん》を偽ることができる——という大それたたばかりである。これこそ池田大作が狙っていた誑惑の完結、まさしく正本堂落成以来十八年にわたって懐き続けてきた彼の一筋の執念であった。

細井管長はこの発言五年後の昭和五十四年七月、臨終思うようにならずして急死を遂げた。

その直後、「実は私が相承《そうじょう》を受けていた」と自己申告して登座したのが、池田大作と一心同体の阿部日顕管長であった。これより「本門寺改称」をめざして、再び悪の二人三脚が始まる。

池田は前々から本門寺改称の時期を、大石寺開創七百年の佳節《かせつ》に当る昭和六十五年（平成二年）と狙い定めていた。この年の秋十月には開創七百年の慶讃法要が行われる。この法要の席上、阿部管長に「本門寺改称」を宣言させるのが、彼の魂胆《こんたん》であった。

これを知った私は、この年の四月二十七日、この諫暁書を阿部管長に送附したのである。


この諫暁書は、それまで長きにわたって宗門僧俗をたぶらかしてきた、正本堂の誑惑の根を断ち切った上で、戒壇の大御本尊の御遷座《ごせんざ》と正本堂の撤去《てっきょ》を、強く迫ったものである。

そして、この諫暁書より八年後、誰人も予想すらできなかった「不思議の還《かん》御《ぎょ》」を拝見し奉り、正本堂の崩壊を眼前にしたのであった。

すべては御本仏の御威徳の然《しか》らしむるところと、ただただ拝跪合掌《はいきがっしょう》するのみである。

平成十四年十二月十九日

著者識《しる》す

正本堂の誑惑を破し懺悔清算を求む

――阿部日顕管長に訴う

目次

本書提出の趣旨

謹んで御本仏日蓮大聖人の一代御化導を拝し奉るに、三大秘法のうち、本門の本尊と題目はこれを御在世に弘通し給うといえども、本門戒壇の一事においては未だ時至らず、よって弘安二年に本門戒壇の大御本尊を顕わし給い、御入滅の年にこの大御本尊を二祖日興上人に付嘱《ふぞく》して戒壇建立の大事を御遺命《ごゆいめい》あそばされたこと、御付嘱状の面《おもて》に赫《かく》々明々であります。

以来、本宗の歴代先師上人はこの戒壇の大御本尊を宝蔵に秘蔵し奉り、もっぱら広宣流布・国立戒壇の建立を熱禱《ねっとう》されてきたのであります。

されば歴代先師は、あるいは御宝蔵の説法において

「時に戒壇建立は宗門の一大事なり」（日応上人・御宝蔵説法）

と宣説《せんぜつ》され、あるいは

「国立戒壇の建立を待ちて六百七十余年今日に至れり、国立戒壇こそ本宗の宿願なり」（日昇上人・奉安殿慶讃文）

等と叫び続けてこられました。まことに広宣流布の暁の国立戒壇こそ、御本仏大聖人の唯一の御遺命、そして日蓮正宗七百年の唯一の宿願・悲願でありました。

しかるに、創価学会第三代会長・池田大作は、国立戒壇が世間に抵抗多く、これが選挙に不利をもたらすことを恐れ、国立戒壇を否定するため俄《にわか》に正本堂なる建物を大石寺境内に立て、これを「御遺命の戒壇」と称して日蓮正宗全信徒および一国を欺いたのであります。

しかし、このような大それた誑惑《おうわく》、どうして池田一人でなし得ましょうか。実にこの誑惑を扶《たす》けたのが、宗門の細井日達管長（御遺命違背のゆえに敢えて日達上人と呼びまいらせず）と阿部日顕管長の二人でありました。本来ならば「衆議《しゅうぎ》たりと雖《いえど》も仏法に相違あらば貫《かん》首《ず》之《これ》を摧《くだ》くべき事」（日興上人・遺誡置文）の御遺誡のまま、この違背を断固打ち摧《くだ》くべき立場の貫首が、悲しいかな、二代にわたって学会に諂《へつら》い、御遺命に背いたのであります。

ことに阿部管長は、宗務院教学部長在任中より池田大作に諂い、三大秘法抄の御金言をほしいままに曲会《きょくえ》し宣伝いたしました。ために日蓮正宗全信徒は愚かにも国立戒壇の御遺命を捨て、正本堂こそ御遺命の戒壇と思いこむに至りました。かくて昭和四十七年十月、戒壇の大御本尊は正本堂に居《す》えられ奉ったのであります。

嗚呼《ああ》！　広布の暁に国立戒壇に奉安すべしとて留め置かれた戒壇の大御本尊は、ここに池田の政治野心に利用され、世を欺く誑惑《おうわく》の殿堂・キリスト教神父まで招いて穢《けが》した正本堂に、居《す》えられ奉ったのであります。大聖人を辱《はずか》しめ奉ることこれより甚しきはなし、御《ご》法魂《ほうこん》いかで安穏に住し給うでありましょうか。

以来、今日まですでに十八星霜《せいそう》。この歳月、大聖人の御悲憤に思いを至せば、仏弟子たるもの、誰か一日片時たりとも心安穏に過ごし得ましょうか。

そのうえ仄聞《そくぶん》するに、池田大作は本年を期して大石寺を「富士山本門寺」と改称せんとしているとのこと、これ実《まこと》でありましょうか。池田はこの改称により、正本堂を「富士山本門寺本堂」と位置づけ、誑惑の完結を狙うかのごとくであります。

この風説、信じがたいほど大それたことでありますが、根拠のないことではありません。すでに阿部管長には、過去再三にわたって、日本人口の三分の一が入信すれば「富士山本門寺」と改称する旨の訣言《ゆげん》を高唱しております。また正本堂を御遺命の戒壇と偽り謗法の神父まで正本堂に招き入れて恥じぬ無道心の二人であれば、寺号の改称だけはしないという保証がどこにありましょうか。

もしこれを強行せんか、御本仏の御遺命は完全に破壊され、三大秘法はことごとく蹂躙《じゅうりん》されます。

ただし、御本仏はこれを断じて許し給わず。ゆえに立正安国論に云く

「もし正法尽《つ》きんと欲《ほっ》すること有らん時、まさに是《か》くの如く受持し擁護《おうご》すべし」と。

ここに国立戒壇のゆえに解散処分を受けた顕正会は、苛酷《かこく》の試練を乗り越え、その死身弘法すでに二十万に達しました。そしていま、御本仏の御命令を信心の耳で聞き奉り、二十万会員は一結し、捨身護法《しゃしんごほう》の決意を堅めております。

ここにまず、一切の責任を有する阿部管長に、深き懺悔《ざんげ》と共に誑惑の徹底清算を求めるため、正本堂の誑惑の根を完全に切断する本書を、提出するものであります。

平成二年四月二十七日

第一章　正本堂をめぐる今日までの経緯

正本堂がいかなる性格の建物であるかは、正本堂をめぐる顕正会の諫暁《かんぎょう》と、それに対する宗門・学会の対応によく現われておりますので、「正本堂」なるものを知る上で、その事実経過を示すことは不可欠であります。阿部管長には当事者であればそのすべてを御存知とは思いますが、お忘れのこともあるかと存じ、念のためこれまでの経緯の概要をまず記しておきます。（文中の宗務役僧ならびに学会首脳の役職はいずれも当時）

一　細井管長の最初の説法

昭和三十九年五月三日、創価学会本部総会において池田会長は、正本堂の建立寄進について初めて発表した。

「総本山日達上人猊下に、正本堂を建立、ご寄進申し上げたい。……正本堂の建立は、事実上、本山における広宣流布の体制としてはこれが最後なのであります。したがって、あとは本門戒壇堂の建立だけを待つばかりになります」（聖教39・5・5）と。

この発表では、池田はまだ正本堂と、将来建てられるべき本門戒壇とを、はっきりと区別している。

だが、これより九ヶ月のちに開かれた第一回正本堂建設委員会における細井管長の説法により、正本堂は突如として〝御遺命《ごゆいめい》の本門戒壇〟と、その意義が変更されたのであった。

御遺命の本門戒壇は広宣流布の暁に立てられるべきものであるから、正本堂を本門戒壇というには、広宣流布の定義を変えなければならない。そこでこの説法が行われる一ヶ月前、細井管長は「今や広宣流布」と題して、次のような一文を学会の教学誌「大白蓮華」に発表している。

「思えば昨年春、会長池田先生との談話の時に、私が『すでに広宣流布しておる』と語ったら、会長は『そうです、舎衛《しゃえ》の三億《さんのく》です』と即座に答えられたので、私はその見識に内心感嘆したのである」（同誌40年1月号）と。

ちなみに「舎衛の三億」とは、〝日本の総人口の三分の一が入信すれば広宣流布といえる〟

とする、御書に全く根拠もない、池田が云い出した〝ごまかし〟の広宣流布である。学会員は現在でも人口の一割に満たないから、いわんや当時は〝舎衛の三億〟にも遠く及ばない。しかるに細井管長は「すでに広宣流布しておる」と云ったのである。

この伏線があって、翌年二月十六日の第一回正本堂建設委員会における説法となる。この細井管長の説法は、正本堂を御遺命の戒壇と決定する理由を述べた、最初で唯一の説法であるから、ここにその主要部分を掲げる。

「今回、池田会長の意志により、正本堂寄進のお話がありましたが、心から喜んでそのご寄進を受けたいと思います。……さて、正本堂についていちばん重大な問題は、どの御本尊を安置申し上げるかということでございます。過日来、いろいろなところで質問され、またこちらにも問い合わせがきておりますが、それに対して、私ははっきりした答えをせず、ばくぜんとしておいたのであります。いよいよ、きょうこの委員会が開かれるにあたって、初めて私の考えを申し上げておきたいのであります。

大聖人より日興上人への二箇《にか》の相承《そうじょう》に『国主此の法を立てらるれば、富士山に本門寺の戒壇を建立せらるべきなり』とおおせでありますが、これはその根源において、戒壇建立が目的であることを示されたもので、広宣流布達成のための偉大なるご遺訓であります。

これについて一般の見解では、本門寺のなかに戒壇堂を設けることであると思っているが、これは間違いであります。堂宇《どうう》のなかのひとつに戒壇を設けるとか、あるいは大きな寺院のなかのひとつに戒壇を設けるというのは、小乗教等の戒律です。小乗や迹門の戒壇では、そうでありましたが、末法の戒律は題目の信仰が、すなわち戒を受持することであります。よって大御本尊のおわします堂が、そのまま戒壇であります。したがって、大本門寺建立の戒も、戒壇の御本尊は特別な戒壇堂でなく、本堂にご安置申し上げるべきであります。

それゆえ百六箇抄《ひゃくろっかしょう》には『三箇《さんか》の秘法建立の勝地は富士山本門寺本堂なり』と、大聖人のお言葉が、はっきりご相伝あそばされております。また同じ百六箇抄の付文に『日興嫡々《ちゃくちゃく》相承の曼荼羅《まんだら》を以て本堂の正本尊と為す可きなり』と、こう明らかにされておるのでございます。

したがって、その曼荼羅を現在では大石寺の本堂にご安置することが、もっともふさわしいと思うわけであります。

戒壇の大御本尊は、大聖人ご在世当時、また日興上人がいらした当時、身延山で本堂に安置されていたものであります。また当時は大聖人のおいでになるところが本堂であり、ご入滅後は御本尊のおわしますところが本堂となってきたものであります。そして本堂で御本尊に信者が参拝したのであり、大聖人ご在世当時、身延へ参拝しにきたのは信者だけですから、だれでも直接に御本尊を拝めたのです。したがって今日では、戒壇の御本尊を正本堂に安置申し上げ、これを参拝することが正しいことになります。

ただし末法の今日、まだ謗法《ほうぼう》の人が多いので、広宣流布の暁をもって公開申し上げるのであります。ゆえに正本堂とはいっても、おしまいしてある意義から、御開扉《ごかいひ》の仕方はいままでと同じであります。したがって形式のうえからいっても、正本堂の中でも須弥壇《しゅみだん》は蔵《くら》の中に安置申し上げる形になると思うのでございます」（大日蓮40年3月号）と。

この説法により、正本堂が御遺命の戒壇と決定されたのであるが、一読してその意味がわかる者が、果しているであろうか。難解《なんげ》なのは、文意が甚深だからではない、矛盾《むじゅん》して支離滅裂《しりめつれつ》だからである。この支離滅裂は、ごまかそうとしていることから起きている。

教義上の誤り指摘がこの章の詮ではないから要点のみにとどめるが、この説法の欺瞞《ぎまん》は二つある。

一つは、御遺命の「本門寺の戒壇」と、百六箇抄の「本門寺本堂」とは、全く同じものであるにもかかわらず、細井管長はことさら一般信徒の耳なれぬ「本門寺本堂」を強調して、「本門寺の中に戒壇堂を設けるのは間違い」などと云って、本門戒壇の建立を否定している。

二には、百六箇抄の「本門寺本堂」とは、当然広宣流布の暁に国家的に建立される「本門寺本堂」すなわち本門戒壇であるのに、細井管長は広布以前に建てた大石寺の正本堂が、あたかもそれに当るかのごとく思わせている。

一について少し説明すれば

迹門の戒壇といわれる叡山《えいざん》においては、受戒の壇である戒壇院と、信仰の中心道場である根本中堂《こんぽんちゅうどう》とが、別々に建てられていることは広く知られている。しかし大聖人の下種の御大法《ごだいほう》においては、受持即持戒《じゅじそくじかい》である。すなわち大御本尊に対し奉る信行が、そのまま戒を持つことに当るから、戒壇即本堂、すなわち広布の暁に戒壇の大御本尊を安置申し上げる「本門寺の戒壇」が、そのまま「本門寺本堂」に当るのである。

ゆえに一期弘法付嘱書《いちごぐほうふぞくしょ》には「本門寺の戒壇」と仰せられ、百六箇抄には「本門寺本堂」と仰せられる。まさに一体の別名なのである。

しかるに細井管長は、一般信徒の耳なれぬ「本門寺本堂」をことさら持ち出して、〝本門寺のなかに戒壇堂を設けるのは間違い〟などと云って眩惑《げんわく》している。これは国立戒壇を否定することがその目的なのである。

ゆえに同じ論法の説法を、後日、次のようにしている。

「本宗では戒壇堂と云わない。正本堂に戒壇の御本尊を安置し奉るというのが、これが相伝であります。歴代がそう云われるところでございます」（戒壇論）と。

だが、歴代先師上人は、果して細井管長のいうごとく「戒壇堂」と仰せられていないか。先師の御文を挙げてみよう。

二十六世日寛上人云く

「事《じ》の戒壇とは、即ち富士山天生原《あもうがはら》に戒壇堂を建立するなり」（報恩抄文段）

五十二世日霑《にちでん》上人云く

「事《じ》の広布の時、大戒壇堂に掛け奉るべき設《もう》けとして顕わし給い」（両山問答）

五十六世日応上人云く

「富士山の麓に天母ヶ原《あもうがはら》と申す曠々《こうこう》たる勝地あり、茲《ここ》に本門戒壇堂建立有って」（御宝蔵説法本）

六十世日開上人云く

「本門戒壇建立の勝地は当国富士山なること疑いなし、又其の戒壇堂に安置し奉る大御本尊今眼前に当山に在す」（御宝蔵説法本）

六十五世日淳上人は

「本門の戒壇堂を建立し、その戒壇堂に安置し奉る御本尊が御一代究竟《くきょう》の御本尊であらせられる」（日蓮大聖人の教義）

等と、枚挙《まいきょ》にいとまがない。「本宗では戒壇堂とは云わない」どころではない。御歴代のすべてが仰せられているのである。

しかるに細井管長はこの事実を隠し、前引の日開上人の御文においては「戒壇堂」を、わざと「本堂」（大日蓮50年9月号）とまで改ざんしているのは、無慚《むざん》というほかない。

二について云えば

百六箇抄に仰せの「本門寺本堂」と、現在の大石寺の正本堂とは全く関係がない。しかるに名を共通せしむることにより、あたかも正本堂が「本門寺本堂」に当るかのように思わせることが欺瞞であり、たばかりなのである。

また、もし百六箇抄の「日興嫡々相承の曼荼羅《まんだら》を以て本堂の正本尊と為す可きなり」の御文を無理に大石寺の正本堂と結びつけて「その曼荼羅を現在では大石寺の本堂にご安置することが、もっともふさわしい」などと言い得るならば、なにゆえ歴代先師は七百年来正本堂も立てず、御宝蔵に戒壇の大御本尊を蔵し奉って来たのであろうか。百六箇抄に仰せの「本堂」とは、まさに広布の暁の本門戒壇すなわち国立戒壇のことなのである。

この本門戒壇建立までは、戒壇の大御本尊は宝蔵に堅く蔵し奉る。これが御歴代の御心ではないか。このことは細井管長自身も曽ては云っていた。

「広宣流布を待ってはじめて本門寺を建立、戒壇の大御本尊を安置し奉って事の戒壇建立という事になるのでございます。それまでは戒壇の御本尊をおしまい申し固く護る。先師方が客殿の後《うしろ》の奥深くに戒壇の御本尊をお護り申すという事を仰せられて居ります。我が本山の先師方のこれが心でございまして、客殿の後《うしろ》に奥深く戒壇の御本尊を蔵し奉る、しまっておく、広宣流布の暁までしまっておくということになる。……戒壇の御本尊はどこまでも蔵の中にあるのでございます。……お出ましは、先程から申す所の、いはゆる広宣流布の暁である」（大日蓮34年9月号）と。

ところが池田に唆《そそのか》されて、広宣流布以前に偽りの〝本門寺本堂〟を建てるに至った。そこで

「正本堂とはいっても、おしまいしてある意義から、御開扉《ごかいひ》の仕方はいままでと同じで

あります。……須弥壇《しゅみだん》は蔵の中に御安置申し上げる形になる」
などと、矛盾したことを云わざるを得なくなるのである。
さらに最も見やすき馬脚《ばきゃく》を指摘すれば、説法の冒頭に細井管長は
「正本堂についていちばん重大な問題は、どの御本尊を安置申し上げるかということでございます。過日来、いろいろなところで質問され、またこちらにも問い合わせがきておりますが、それに対して、私ははっきりした答えをせず、ばくぜんとしておいたのであります。いよいよ、きょうこの委員会が開かれるにあたって、初めて私の考えを申し上げておきたい」
と述べているが、もし正本堂が御遺命の戒壇であるならば、「どの御本尊を安置申し上げるか」などということは、始めから問題になるべきはずもない。なぜなら御遺命の戒壇とは、広宣流布の暁に、戒壇の大御本尊を御安置することを目的として建立されるものだからである。
しかるに細井管長は思案のすえ
「その曼荼羅《まんだら》（戒壇の大御本尊）を、現在では大石寺の本堂にご安置することが、もっともふさわしい」

などといっている。このこと自体、正本堂が〝偽物〟であることを雄弁に物語っているではないか。

このように細井管長の説法は支離滅裂、始めから終りまで矛盾撞着《むじゅんどうちゃく》に満ち、誰にもその意がわからぬものであった。

二、誑惑の大合唱

しかし、この説法が発表されるや、池田は小躍《こおど》りして、本部幹部会で次のように発表した。

「いまの評論家どもは『創価学会は国立戒壇を目標にしているからけしからん』といいますが、私はなにをいうかといいたい。そんなことは御書にはありません。彼らはなにもその本義を知らないのです。猊下《げいか》が、正本堂が本門戒壇の戒壇堂であると断定されたのであります」(聖教新聞40・9・22)

この発言には、国立戒壇を否定するために正本堂が建てられたこと、またこの大誑惑を正当化するのに〝法主〟の権威が利用されたことが、はっきりと表われている。

かくて〝猊下と会長の云うことならば〟と、これより学会・宗門あげての、誑惑《おうわく》の大合唱が始まったのである。

　この大合唱も、始めは幾分の躊躇《ちゅうちょ》を以て「事実上の事《じ》の戒壇」「実質上の事の戒壇」「御遺命の戒壇ともいうべき」などの形容詞付きであったが、次第に誑惑は大胆になり、やがて、昭和四十七年の正本堂の完成時を指して「御遺命の戒壇は成就」と断定し、さらに「広宣流布は達成」と云い切るようになった。

　その証拠を、まず学会側の発言から挙げる。

　池田大作は発願式において

「夫《そ》れ正本堂は末法事《じ》の戒壇にして、宗門究竟《くきょう》の誓願之《これ》に過ぐるはなく、将又《はたまた》仏教三千余年　史上空前の偉業なり」（発誓願文）と。

　折伏教典には

「戒壇とは、広宣流布の暁に本門戒壇の大御本尊を正式に御安置申し上げる本門の戒壇、これを事《じ》の戒壇という。それまでは大御本尊の住するところが義《ぎ》の戒壇である。……昭和四十七年には、事の戒壇たる正本堂が建立される」

　仏教哲学大辞典には

「日蓮大聖人は本門の題目流布と、本門の本尊を建立され、本門事の戒壇の建立は日興上人をはじめ後世の弟子檀那にたくされた。……時来って、日蓮大聖人大御本尊建立以来六百九十三年目（昭和四十七年）にして、宗門においては第六十六世日達上人、創価学会においては第三代池田大作会長の時代に、本門の戒壇建立が実現せんとしている」

さらに

「正本堂建立により、日蓮大聖人が三大秘法抄に予言されたとおりの相貌《そうみょう》を具えた戒壇が建てられる。これこそ化儀の広宣流布実現である」と。

まことに天を地といい、白を黒といいくるめるほどの欺瞞《ぎまん》・誑惑《おうわく》・たばかりではないか。

これを見て、一分の道念ある者なら、大聖人の御悲憤に思いを至すべきなのに、宗門の高僧の学会にへつらい怖《お》じることは、「犬の主《あるじ》に尾をふり、ねづみの猫ををそるる」（開目抄）がごとくであった。

されば宗門の高僧ら、また口をそろえて云く

まず阿部信雄教学部長（現・日顕管長）

「宗祖大聖人の御遺命である正法広布・事《じ》の戒壇建立は、御本懐成就より六百八十数年

を経て、現御法主日達上人と仏法守護の頭領・総講頭池田先生により、始めてその実現の大光明を顕わさんとしている」（大日蓮42年11月号）

佐藤慈英宗会議長

「この正本堂建立こそは、三大秘法抄に示されたところの『事の戒法』の実現であり、百六箇抄に『日興嫡々相承の曼荼羅《まんだら》をもって本堂の正本尊となすべきなり』と御遺命遊ばされた大御本尊を御安置申し上げる最も重要な本門戒壇堂となるので御座居ます」（同前）

椎名法英宗会議員

「『富士山に本門寺の戒壇を建立せらるべきなり、時を待つべきのみ』との宗祖日蓮大聖人の御遺命が、いま正に実現されるのである。何たる歓喜、何たる法悦であろうか」（同前）

菅野慈雲宗会議員

「正本堂建立は即ち事の戒壇であり、広宣流布を意味するものであります。この偉業こそ、宗門有史以来の念願であり、大聖人の御遺命であり、日興上人より代々の御法主上人の御祈念せられて来た重大なる念願であります」（同前）と。

どうしたら、このような馬鹿げたことが云えるのであろうか。昔、中国の権力者・趙高《ちょうこう》が鹿を帝に献じ、己《おの》れの威を試《ため》さんと「馬」と云わしめんとしたところ、趙高の威をへつらい恐れる群臣は一斉に「馬」と云ったという。宗門の高僧また同じである。一分でも大聖人の御眼を恐れる道念あれば、どうして池田が偽り立てた正本堂を指して、「御遺命の戒壇・広宣流布達成」などといえようか。

そして翌四十三年には、細井管長までも露《あら》わな発言をするに至った。

「此の正本堂が完成した時は、大聖人の御本意も、教化の儀式も定まり、王仏冥合して南無妙法蓮華経の広宣流布であります」（大白蓮華43年1月号）と。

これは、池田の意を受けて、昭和四十七年の正本堂の完成時に「御遺命は成就、王仏冥合・広宣流布も達成」と宣言するための布石として、発言したものと思われる。

三　第一回諫暁

大聖人は

「法を壊《やぶ》る者を見て責めざる者は仏法の中の怨《あだ》なり」（滝泉寺申状）と。

また日興上人は

「時の貫首《かんず》たりと雖《いえど》も仏法に相違して己義《こぎ》を構えば、之《これ》を用うべからざる事」（遺誡置文）

と仰せられている。

もし、この重大な御遺命の破壊を見て黙止するならば、大聖人に対し奉る大不忠となる。

ここに顕正会（当時・妙信講）は敢然と御遺命守護の御奉公に立ち上がったのである。

昭和四十五年三月、私は護法の一念をこめて「正本堂に就き宗務御当局に糺《ただ》し訴う」と題する一書を認《したた》め、猊座《げいざ》を守るべき宗務役僧、および御遺命破壊の元凶たる学会首脳、都合十二人に送附した。

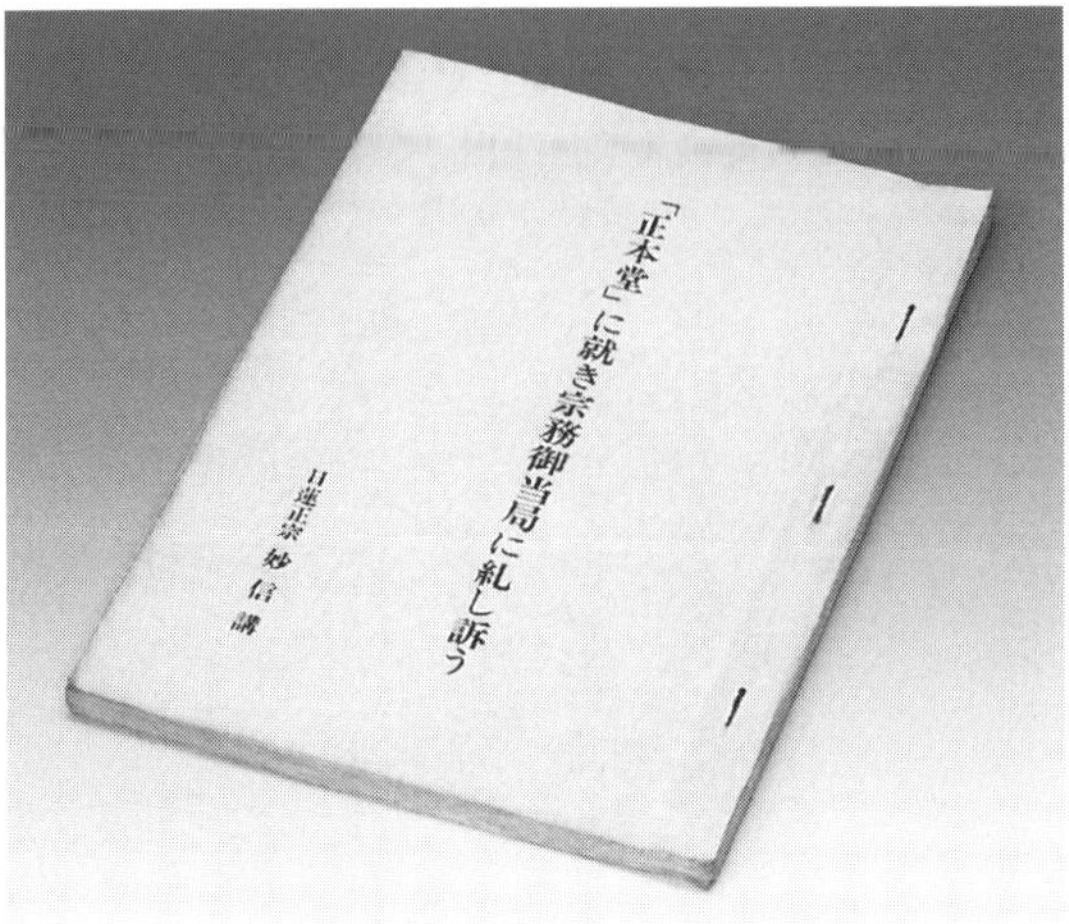

宗務当局に宛てた第一回諫暁書

この内容は、大聖人御遺命の戒壇とは広宣流布の暁に国家意志の表明を以て富士山天生原に建立される国立の戒壇であることを論証し、速かに正本堂の誑惑《おうわく》を訂正すべきを訴えたものである。

一週間後、総本山より父（当時妙信講講頭）と私に呼び出しがあった。これほどの重大事に言及《げんきゅう》した以上、いかなる処分をも覚悟していたところ、対面所にお出ましの細井管長は「正本堂に就き宗務御当局に糺し訴う」を片手にかざし、照れくさそうな笑

みを浮べつつ

「よく書けてますね、誰にもこうは書けないでしょう。この本は宗開両祖の仰せのまま、宗門七百年の伝統のままです。一分の誤りもありません」

と云われた。思いもかけぬお言葉であった。だが、次いで云われた。

「この中に引用の先師の『御宝蔵説法』は日応上人のものですね。あれには省略されている部分がある。これがその原本です。大事なものだから人に見せるべきではないが、この中に、戒壇の大御本尊まします所は『事《じ》の戒壇』とあるのです」

甚しい非礼・僭越とは思ったが、ことは重大である。私は敢《あ》えて

「お見せ頂きますか」と願い出た。

猊下は「大事なものだから全部は見せられないが」と、前後の行を両手で隠しつつ、その部分だけを見せて読み上げられた。

「『大御本尊いま眼前に当山に在《まし》ます事なれば、此の所即ち是《こ》れ本門事《じ》の戒壇、真の霊山《りょうぜん》・事《じ》の寂光土《じゃっこうど》』とあるでしょう。だから、戒壇の大御本尊まします所は御宝蔵であれ、奉安殿であれ、また正本堂であれ、事の戒壇といっていいのです」

「原本」といって示された毛筆の本は、日応上人の御筆跡ではなかった。いずれにして

も、文の全体を拝見しなければ部分の文意はわからない。

私はお伺いした。

「本宗では従来、広布の暁に事相《じそう》に建てられる御遺命の戒壇を『事の戒壇』といい、それまで大御本尊のましまます御宝蔵・奉安殿を『義の戒壇』と申し上げてきたのではないでしょうか……」

猊下は瞋《いか》りの色を面《おもて》に表わし

「あんた、二座の観念文になんてあります。『事《じ》の一念三千』とあるでしょう。戒壇の御本尊は事《じ》の御本尊です。だから、その御本尊ましまます所は事の戒壇なのです」

「お言葉ですが、『事《じ》の一念三千』の『事《じ》』とは、文上脱益理の一念三千に対して『事《じ》』と仰せられたので、これは法体《ほったい》の上の立て分けかと思われます。したがって、いま戒壇における『事』と『義』の立て分けとは、次元が異なるように思われますが……」

「いや、ここに書かれているように、大御本尊ましまます所は、いつでもどこでも事の戒壇といっていいのです」

怒気を含む強い調子で、同じ言葉を繰り返された。

しかし、「いつでも、どこでも事の戒壇」となれば、御遺命の戒壇と正本堂の区別がつかなくなる。最も重大な核心はここにある。私は詰《つ》めてお伺いした。

「では、御遺命の事の戒壇はどうなるのでしょうか。正本堂は果して三大秘法抄・一期《いちご》弘法抄《ぐほうしょう》に御遺命された事の戒壇なのでしょうか」

猊下は困惑の色を示してしばし沈黙されたが、やがて意を決したように

「広宣流布の時の事の戒壇は国立ですよ」

と明確に云われた。重ねて念を押させて頂いた。

「では、正本堂は御遺命の戒壇ではないのですね」

「正本堂は最終の戒壇ではありません。広布の時は国立戒壇で、天母山《あんもやま》に建てられるのです。だから私は正本堂について『須弥壇《しゅみだん》の形にする』と説法したのです」

やはりこれが細井管長の本心であった。だが、この本心を宗門で知る者はいない。全信徒は正本堂を御遺命の戒壇と思いこんでいる。私は申し上げた。

「猊下の御本意を伺い、こんなに有難いことはございません。しかし学会員も法華講員も、まだ正本堂を御遺命の戒壇と思いこんでおりますが、これはいかがしたら……」

「いや、私から間違わぬよう、よく伝えておきます」

と猊下は明言された。そして最後に「妙信講の信心に、私は負けました」とまで仰せら

れた。

さてこの日、細井管長が示された日応上人の御宝蔵説法の「原本」と称する本であるが、後日不思議な経路を経て、その全文を入手することが出来た。それは五十六世日応上人のそれではなく、六十世日開上人の御宝蔵説法であった。謹んでその全文を拝見するに、文意は炳焉《へいえん》であった。

細井管長が引用された「此の所即ち是れ本門事の戒壇」の前後を合わせ拝すれば「御遺状《ごゆいじょう》の如く、事の広宣流布の時、勅宣《ちょくせん》・御教書《みぎょうしょ》を賜《たま》わり、本門戒壇建立の勝地は当国富士山なる事疑いなし。又其の戒壇堂に安置し奉る大御本尊今眼前に当山に在《まし》ます事なれば、此の処即ち是れ本門事の戒壇・真の霊山・事の寂光土にして、若《も》し此の霊場に一度も詣《もう》でん輩は」とある。

すなわち日開上人は、広布の暁の国立戒壇を大前提として、その事の戒壇に安置し奉る戒壇の大御本尊いまここにましますゆえに、たとえ未だ事の戒壇は建てられていなくとも、参詣する者の功徳は全く事の戒壇に詣でるのと同じであることを、「此の所即ち是れ本門事の戒壇」と仰せられたのである。すなわち〝義理《ぎり》において事《じ》の戒壇〟の意である。これを本宗では「義理の戒壇」あるいは「義の戒壇」と申し上げてきたのである。

ゆえに日寛上人は

「義理の戒壇とは、本門の本尊所住《しょじゅう》の処《ところ》、即ちこれ義理・事《じ》の戒壇に当るなり。……故に当山《とうさん》は本門戒壇の霊地なり」（法華取要抄文段）

さらに

「未だ時至らざる故に、直《ただ》ちに事《じ》の戒壇これ無しといえども、すでに本門戒壇の御本尊まします上は、其の住処は即ち戒壇なり」（寿量品談義）

とも仰せられている。

しかるに細井管長は、前文の国立戒壇の大前提を故意に隠し、御宝蔵・奉安殿と同じ意味で、正本堂を直ちに「事の戒壇」といわれた。これでは御遺命の事の戒壇といかにも紛《まぎ》らわしい。この発言こそ、学会の誑惑を守るために、「事の戒壇」の定義を変えて韜晦《とうかい》を謀《はか》ったものである。

しかし、この日のお目通りで〝正本堂は御遺命の戒壇ではない〟というのが、猊下の本心であることだけは、はっきりした。

この正論の延長で、三日のちに行われた御虫払法要の説法においても細井管長は「王仏冥合《みょうごう》の姿を末法濁悪《じょくあく》の未来に移し顕わしたならば、必ず勅宣並に御教書があって、霊山浄土《りょうぜんじょうど》に似たる最勝の地を尋ねられて戒壇が建立出来るとの大聖人の仰せでありますから、私は未来の大理想として信じ奉る」

と、久々に正論を述べられた。この御説法は、建築中の正本堂を眼前にしながら、三大秘法抄に御遺命の戒壇を「未来の大理想として信じ奉る」と云われたのであるから、明らかに正本堂の誑惑を否定したものである。

しかしこの説法記録は、どうしたわけか宗門機関誌「大日蓮」には掲載されず、また学会および法華講連合会の機関紙には、趣旨が変えて載せられた。そして翌五月になって、宗務院から全国住職にだけ、別刷りの説法全文が内密に送附されてきたのであった。その送文に云く

「御虫払法要の御説法については、すでに学会並びに法華講連合会関係の機関誌に掲載されております。これは現下の情況を考慮してありますが、今回送附する分は全くそのままの記録であります。これは教師にのみ送附するものであるから、他に示すことは御遠慮下さい」さらに「教師各位には、御法主上人の御説法の意を深く体されるよう熟読を願い

たい」とも書かれてあった。

つまりこの趣旨は、「正本堂に就き宗務御当局に糺し訴う」の諫暁を耳にして全国住職の間に高まりつつあった正本堂への不審を静めるため、住職だけには〝これが猊下の本心だ〟と云っておき、無智な信徒は〝そのままだましておけ〟というものである。池田の威を恐れ諂《へつら》う宗務当局の態度は、常にこのようなものであった。

細井管長にしても、正しい道理の前には本心を吐露したものの、池田に会えば直ちに変心し迎合した。これより細井管長は、学会と妙信講との間にあって、風にそよぐ葦《あし》のごとく、その態度を二転三転されるのであった。

四　学会、政府・国会を欺く

御虫払法要より十日のちの四月十六日、細井管長は東京の常泉寺に下向《げこう》され、父と私を招かれた。

細井管長の手には、共産党が四月八日衆議院議長に提出した「質問主意書」が握られていた。

その主意書の趣旨は、学会が主張していた国立戒壇は憲法第二十条および第八十九条に違反し、また宗教団体がその実現を目的として政治活動を行うとすれば、その活動も憲法違反ではないかとして、政府に答弁を求めたものである。

政府は答弁すべく、さっそく学会に「国立戒壇」についての見解を照会した。

実は池田はこの時、出版妨害事件に端を発した国会喚問に怯《おび》え切っており、加えてこの共産党の攻撃を受けたのであった。

池田にしてみれば、国立戒壇はすでに数年前に否定しているのだから、この際、より明確に否定して、何としても共産党の追及をのがれたいと思っていたに違いない。しかし政府に正式に回答するには、日蓮正宗の中でひとり「国立戒壇」を主張する妙信講を説得しておかねばならない。池田はこれを細井管長に依頼したのであった。

常泉寺の一室で細井管長は、共産党の質問主意書を開きながら

「国立戒壇を叫べば宗門はつぶされるかも知れない。だから浅井さん、今後はもう国立戒壇を云わんで下さい。頼みますよ」

と云われた。私は申し上げた。

「どうして国立戒壇をいうと宗門がつぶされるのですか。『信教の自由』は現憲法こそ保

証しているのではないでしょうか」

「共産党の動きがこわいのです」

それから細井管長は共産党の恐るべきことを縷々《るる》説明し、それにつけて「国立戒壇」を捨てることを、始めは穏かに、やがて一方的に強要されたのであった。私は申し上げた。

「学会は数々の社会的不正を暴かれるから、共産党を恐れております。しかし宗門が大聖人の御遺命を叫ぶのに、どうして共産党ごときを恐れる必要があるでしょうか」

さらに申し上げた。

「国立戒壇の否定と正本堂の誑惑は表裏一体です。学会は内外に正本堂を御遺命の事の戒壇と大宣伝しております。この時、もし国立戒壇を云わなくなったら、正本堂の誑惑がそのまま内外にまかり通ってしまうのではないでしょうか」

細井管長は気色《けしき》ばんで
「正本堂を事《じ》の戒壇とはいえますよ。このあいだ本山で見せたでしょう。あの本に『此の所は即ち是れ本門事の戒壇』とあったじゃないですか。あの本は寛尊よりも、もっと古いものです」

私は申し上げた。

「猊下《げいか》の仰せられる『事の戒壇』の意味は、宗門古来の定義とは異なるように思われますが……」

〝法主〟の権威に平伏せぬを小癪《こしゃく》に思われたのか、猊下は語気《ごき》を荒げ

「正本堂を事の戒壇といって何が悪い。あの本にあるように、戒壇の御本尊ましますところは、いつでもどこでも事の戒壇といえるんです」

なんとしてもねじり伏せようとする強引さであった。私はあえて面《おもて》を犯して強く申し上げた。

「では、猊下の仰せられるその『事の戒壇』とは、広宣流布の時の『事の戒壇』と同じなのですか」

猊下は苦しげに

「いや、それは違う」

私は申し上げた。

「もし『戒壇の大御本尊まします所はいつでも事の戒壇』と仰せになるのなら、三大秘法抄に御遺命された戒壇は別に建てなくてもいいのでしょうか」

「……もちろん、広宣流布の時は建てなければいけない」

「学会は従来の定義のままに、三大秘法抄に御遺命の戒壇を事の戒壇とし、それが正本堂であると欺瞞《ぎまん》しております。ゆえに妙信講は〝正本堂は事の戒壇にあらず〟と学会を責めているのです。しかるに猊下がいま事の戒壇の定義を変更され、別の意味で〝正本堂も事の戒壇といえる〟と仰せられれば、学会の誑惑を助けることになるのではないでしょうか」

「いや、私のいう『事の戒壇』は、何も最終の戒壇の意味じゃないんだから……」

「しかし、それでは法義が混乱し、御遺命の戒壇は曖昧《あいまい》になり、匿《かく》れてしまいます」

猊下はいいわけのごとく

「学会だって、正本堂が三大秘法抄の戒壇だと、そんなにはっきり云ってるわけではないでしょう」

そこで私は、学会発行の文書のいくつかを、高声に読み上げた。

「正本堂建立により、日蓮大聖人が三大秘法抄に予言されたとおりの相貌《そうみょう》を具えた戒壇が建てられる。これこそ化儀の広宣流布実現である」（仏教哲学大辞典）等々。

猊下は次第に沈痛な表情になられた。

「学会がそんなことを云っているとは知らなかった。これから五月三日（学会本部総会）の打ち合わせで池田会長に会うことになっているので、訂正するよう、よく云っておきましょう」

かくて、妙信講に国立戒壇を捨てさせる目的で面談された細井管長は、かえって妙信講に、学会の誑惑を改めさせる約束をなさったのであった。

ところがである。翌朝（四月十七日）細井管長から直接電話があった。

「昨日、云い残したことがあるので、念のためはっきりと云っておきます。筆記して下さい。

一、日蓮正宗を国教にすることはしない。

二、国立戒壇とは云わない、民衆立である。

三、正本堂を以て最終の事の戒壇とする。

四、今日はすでに広宣流布である。だから事の戒壇も立つのである。

以上、これは宗門の管長として私がはっきりいうのです。こうしなければ、現在の宗門は統率できないのですから、管長の云うことに従って下さい。そしてこの四つのことは、五月三日（学会本部総会）に私から発表しますから、見てて下さい」と。

これは、学会の云い分そのものである。やはり細井管長に、学会の説得ができるわけがなかった。なぜならば、細井管長が同意したからこそ、池田は正本堂の大誑惑を始めたのである。それをこの期《ご》に及んで、細井管長が変心するのを許すはずもなかった。

私は猊下に

「この四ヶ条、断じて承伏いたしません」

と申し上げ、強くお諫めした。

「とにかく、五月三日の私の話を聞いてからにして下さい」

と猊下は云われ、電話を切られた。

私はこの時始めて、宗門全僧侶の護法の道念に訴えようと、「正本堂に就き宗務御当局に糺し訴う」を全国住職に送附することを決意し、その旨を妙信講指導教師・松本日仁能師に伝えたのであった。

二日後の十九日早朝、再び細井管長から電話があった。

「一昨日、私が『今日はすでに広宣流布である』と云ったことについて、あの本を全僧侶に配るそうだが、それだけはやめて下さい。私が困るのです。あなたは広宣流布を果に約し、私は因に約して話しているので、それが食い違ったのです。要は広宣流布に向いつつあるということです」

「しかし、事の戒壇は広宣流布が達成した時、すなわち果の時でなければ建てられないのですから、猊下が一昨日『正本堂を以て最終の事の戒壇とする』と云われたことが、何ともわかりません」

「いや、先日の話はそれでは訂正します。『最終』と云い切ったのは、あなたがあまり法門が達者なので、ついこちらも気負《きお》いすぎて云ってしまった。『最終の戒壇』は取り消します。とにかく先のことはわからない、私の代だけのことで云っているのです。そうしなければ今の状勢では宗門のまとまりがつかない。ただ五月三日に『正本堂は事の戒壇』とだけは云いますよ。それを見てからにして下さい」

「事の戒壇の意味を学会では、従来通り最終の戒壇と解釈しています。猊下がもし総会で〝正本堂は事の戒壇〟と云われれば、結局『最終の戒壇』ということになってしまいます」

「学会が何を云おうと、池田会長がどんな話を総会でしようと、あとでそれは、あなたのほうから学会によく話して下さい。とにかく五月三日を見て下さい。そしてあの本は送らないで下さい」

「あの本はすでに昨夜発送しました。ただし全国末寺の住職だけで、他山《たざん》から帰一した保田《ほだ》・讃岐《さぬき》・日向《ひゅうが》などには配っておりません」

「それは本当に有難う、住職だけですね。二十二日に皆本山に来ますから、『あの本は胸に収めて外に出すな』と云っておきます。あの本は昔の御法門のままに実によく出来ているのですから、住職にも『胸に蔵《しま》って出すな』と云っておきます。くれぐれも外には出さないで下さい」

「あの本は、全僧侶が御遺命の正義にめざめて猊下のもとに団結すれば、宗門は安泰と思えばこそ送ったものです」

以上で電話は終った。

この日の午後二時、突然、阿部教学部長が文京区音羽の拙宅《せったく》を来訪された。教学部長は細井管長の使いのごとくで、細井管長が十七日の電話で示された四ヶ条のうちの、「国教」と「国立戒壇」の二ヶ条について、私の見解をわざわざ確認に来られたのであった。

それより三日のちの四月二十二日、総本山大客殿において、全国教師僧侶（住職）約千名と、信徒から学会・法華講・妙信講の代表が召集され、「臨時時局懇談会」なるものが開催された。

この集会の目的は、国立戒壇について政府への回答を迫られていた学会が、国立戒壇放棄の「宗門合意」を取りつけることにあった。

この日、開会に先立ち、宗務役僧から

「本日は御法主上人より御説法があるが、特別に質問が許されている」

との発言があった。しかしこのような席で僧侶の誰が質問を発しよう。ゆえにもし妙信講の発言さえなければ「宗門合意」は成立したことになる。学会の狙いはここにあった。

参加の全員には、前もって共産党の質問主意書のコピーが配られた。初めに学会を代表して辻武寿総務室長が立ち

「共産党の攻撃により、いま宗門は危急存亡の時を迎えている。国立戒壇を云えば宗門はつぶされる。学会は共産党と争うつもりはない」旨を、くどくどと述べた。

質問が許されたので、私は立った。

「どうして日蓮正宗が危急存亡なのか。御書には『外道《げどう》悪人は如来《にょらい》の正法を破りがたし、仏弟子等必ず仏法を破るべし、師子身中《しししんちゅう》の虫の師子を食《は》む』とあるが、共産党ごときに仏法が破られることは有り得ない。仏法は中から破られるのである。もし学会が仏弟子なら

ば、どうして共産党をそれほど恐れるのか。いま聞けば、学会は共産党と争うつもりはないとの事であるが、共産党は『赤旗』紙上において、恐れ多くも戒壇の大御本尊の写真を掲げ、連々と誹謗中傷をしているではないか。学会はなぜ護法のために戦わないのか。妙信講は共産党にこのことで対決を申し入れたが、先方が逃げた。学会はなぜこの謗法を責めないのか」

辻は

「あなた方の勇気には敬服します。ただ私達は、あとでまとめてやろうと思っております」

と云いわけをした。――ちなみに後年、学会は共産党を責めるどころか〝創共協定〟を結んでいる――さらに質《ただ》そうとしたら森田一哉副会長が立ち

「もう時間です。猊下が待っておられますから……」

と遮《さえぎ》った。しかし私は敢《あ》えて質《ただ》した。

「先ほど国立戒壇をいえば宗門はつぶされると聞いたが、そのようなことの有り得るはずがない。その法的根拠を示してほしい」

再び森田が、そして早瀬総監も立ち「猊下がお待ちになっておられるので」と、辻を降

壇させてしまった。

ついで猊下が説法された。まず広宣流布について

「今日は因の姿においてすでに広宣流布である」

とされ、次に戒壇については日寛上人の依義判文抄《えぎはんもんしょう》を引いて

「御本尊即戒壇とあるから、戒壇の大御本尊まします所は事の戒壇である」

と云い、さらに

「国教でないものに国立はあり得ない、民衆立の正本堂を事の戒壇として、今日において少しも恥ずることはないと信ずる」

と結ばれた。要するに、先日の電話の四ヶ条の説明であった。

早瀬総監が立ち「本日は特別に〝お伺い〟が許されている」といったので、私は立ってお伺い申し上げた。

「本日猊下は、正本堂を事の戒壇と仰せられましたが、それでは三大秘法抄に御遺命された戒壇は、将来建てられないのでしょうか……」

猊下はしばらく考えておられたが

「私には、将来のことはわかりません」

と答えられた。「建てる」といえば学会を裏切ることになるし、「建てない」と云えば御遺命に背くことになる。よって「わかりません」ということになったのであろう。

私はさらに、猊下が引用した日寛上人の依義判文抄の文意について、お伺いした。実は猊下は説法の中で、次のごとく云われたのであった。

「日寛上人は『日蓮一期《いちご》の弘法《ぐほう》とはすなわちこれ本門の本尊なり、本門弘通等とは所弘すなわちこれ本門の題目なり、戒壇は文の如く全く神力品結要付嘱《じんりきほんけっちょうふぞく》の文に同じ云々。秘すべし、秘すべし』と仰せになっている。ここが大事なところでございます。結要付嘱《けっちょうふぞく》とはすなわち……本門の大御本尊であります。『(戒壇は) それと同じだ』と、はっきりここで日寛上人がことわっている。……だから結局は事の戒壇といっても、義も含んだところの事の戒壇、大聖人様の戒壇の大御本尊まします所が、すなわちこれ事の戒壇であるはずでございます」と。

これは全くの曲会《きょくえ》である。そこで私はお伺いした。

「猊下はいま『戒壇は文の如く全く神力品結要付嘱の文に同じ』との寛尊の御文を引き、御本尊と戒壇とは同じであると仰せられましたが、依義判文抄の文意は、神力結要付嘱の文と一期弘法付嘱書は、共に三大秘法を説き、そのうえ本尊・題目・戒壇と、説順も全く同じである、この甚妙を『秘すべし』と仰せられたのではないでしょうか。すなわち神力品においてはまず『以要言之《いようごんし》』以下に本門の本尊を説き、『是《ぜ》故《こ》汝等《にょうとう》』以下で本門の題目を説き、『所在国土《しょざいこくど》』以下で本門の戒壇が説かれております。また一期弘法付嘱書では、『日蓮一期の弘法』は本門の本尊、『本門弘通』等とは所弘すなわち本門の題目、戒壇は『国主此の法を立てらるれば云々』との文のままでありますから、寛尊は『文の如し』と仰せられ、まさに釈尊から上行菩薩への神力結要付嘱も三大秘法、また大聖人から日興上人への御付嘱も三大秘法、そのうえ本尊・題目・戒壇と、三大秘法の説順も全く同じという甚妙を、ここに『全く同じ、秘すべし』と嘆《たん》ぜられたのであって、本尊と戒壇が全く同じという意味ではないと存じますが……」

猊下は全く沈黙された。私はさらにお尋ねした。

「日寛上人は今の御文の前後で、『経巻所住《しょじゅう》の処《ところ》』すなわち本門の本尊所住の処を義の戒壇とし、『皆応《まさ》に塔を起《た》つべし』を事の戒壇の勧奨《かんしょう》として、三大秘法抄・一期弘法抄を引いて説明しておられますが、『所住の処』に当る正本堂が、どうして事の戒壇になるのでしょうか……」

重苦しい沈黙が大客殿に流れた。しばらくして、森田が引きつったような顔で立ち上がり

「ここにいるすべての人には、猊下の御説法はよくわかります。ですから、浅井さんには別に席が設けてありますから、あとでゆっくりとお話しになって下さい」といって、臨時時局懇談会を打ち切ってしまった。結局、別席でも「後日また」ということで流会になってしまった。

かくて池田大作のもくろんだ「宗門合意」は不成立に終ったが、翌四月二十三日、彼は国立戒壇の意義について、正式に文書を以て文部省に回答した。それは次のような内容であった。

一、本門戒壇とは、本尊をまつり、信仰の中心とする場所のことで、これは民衆の中に仏法が広まり、一つの時代の潮流となったとき、信者の総意と供養によって建てられるべきものである。

二、既に現在、信徒八百万人の参加によって、富士大石寺境内に、正本堂の建設が行なわれており、昭和四十七年十月十二日には完成の予定である。これが本門戒壇にあたる。

二、一時、本門戒壇を〝国立戒壇〟と呼称したことがあったが、本意は一で述べた通りである。建立の当事者は信徒であり、宗門の事業として行うのであって、国家権力とは無関係である。

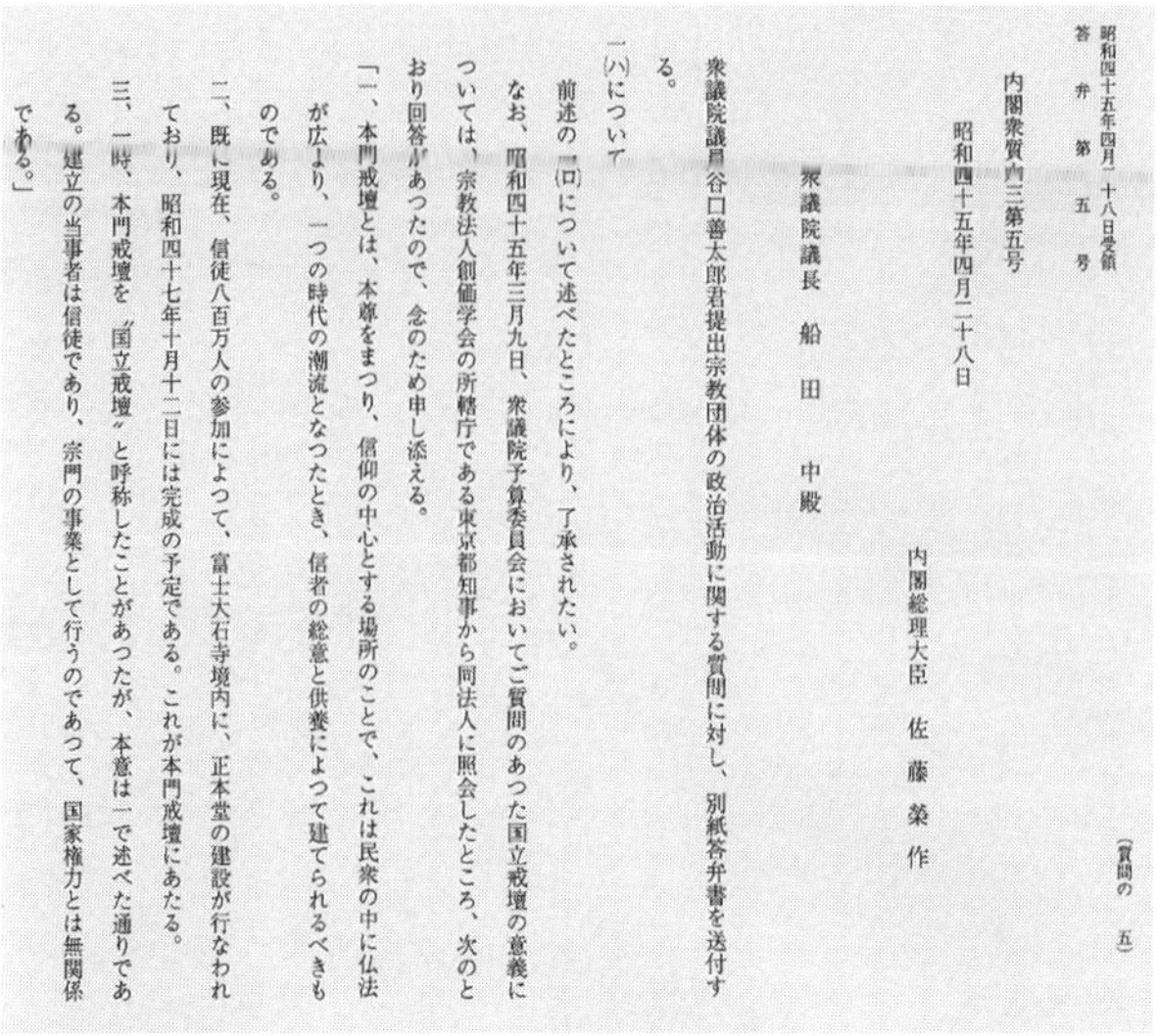

昭和四十五年四月二十八日受領
答弁第五号

（質問の五）

内閣衆質六三第五号

昭和四十五年四月二十八日

内閣総理大臣　佐藤榮作

衆議院議長　船田中殿

衆議院議員谷口善太郎君提出宗教団体の政治活動に関する質問に対し、別紙答弁書を送付する。

一(ハ)について

前述の一(ロ)について述べたところにより、了承されたい。

なお、昭和四十五年三月九日、衆議院予算委員会においてご質問のあった国立戒壇の意義については、宗教法人創価学会の所轄庁である東京都知事から同法人に照会したところ、次のとおり回答〃があったので、念のため申し添える。

「一、本門戒壇とは、本尊をまつり、信仰の中心とする場所のことで、これは民衆の中に仏法が広より、一つの時代の潮流となつたとき、信者の総意と供養によつて建てられるべきものである。

二、既に現在、信徒八百万人の参加によつて、富士大石寺境内に、正本堂の建設が行なわれており、昭和四十七年十月十二日には完成の予定である。これが本門戒壇にあたる。

三、一時、本門戒壇を〝国立戒壇〟と呼称したことがあつたが、本意は一で述べた通りである。建立の当事者は信徒であり、宗門の事業として行うのであつて、国家権力とは無関係である。」

国立戒壇についての学会の回答文を掲げた「政府答弁書」

この回答書は、国家と無関係に宗門だけで建てた正本堂を御遺命の戒壇と偽り、国立戒壇を否定したものである。

一期弘法付嘱書には「国主此の法を立てらるれば」と仰せられ、三大秘法抄には「王臣一同に本門の三大秘密の法を持ちて、乃至勅宣並びに御教書を申し下して」とある。これが御遺命である。国家と無関係に建てた偽りの〝本門戒壇〟で、どうして仏国が実現しようか。

池田大作は「憲法違反」との批判を恐れるあまり、憲法を本《もと》として御本仏の御遺命を無視したのであった。

思えば第三祖日目上人は、国主より尋ねもないのに戒壇建立の大事を訴えんと長途の天奏を企て給うた。しかるに池田大作は尋ねられてなお、臆病心から政府・国家を欺いたのである。

この回答書は、宗門の承認のもとに提出されたものであるから、二年後の昭和四十七年四月の細井管長の「訓諭《くんゆ》」と並んで、対外的な公式文書として極めて重要な意味を持つ。ただし妙信講がこの回答書の存在を知ったのは、翌四十六年のことであった。

五　学会、確認書に署名

昭和四十五年五月三日、いよいよ学会の本部総会が行われた。

席上池田は、①国教化の否定②国立戒壇の否定③今日がすでに広宣流布であること④正本堂が御遺命の戒壇であること――の四つを、はっきりと述べた。

細井管長はさすがに、広宣流布の達成および正本堂即御遺命の戒壇だけは云わなかった。しかし国教ならびに国立戒壇の否定と、正本堂即事の戒壇とは述べた。先に細井管長が電話で私に示した四ヶ条が、池田の意志であることは明白であった。

私は同月二十四日に開催した妙信講総会において、御遺命守護の堅き決意を述べた。するとその翌日、早瀬総監から「ぜひ会いたい」との申入れがあり、翌二十六日法道院において、早瀬総監と阿部教学部長にお会いした。

お二人は学会の使いのごとくで、私の憤りを何とか柔げようとの様子であった。私は学会に正本堂の誑惑《おうわく》を訂正させるべく不退転の決意を伝えた。総監は大いに驚き

「ことは重大で、私達ではどうにもならない。この上は、猊下と池田会長と浅井さんの三人が膝《ひざ》づめで話しあって頂くほかはない。さっそくこの旨を猊下と会長に伝える」と云った。

かくて昭和四十五年五月二十九日、総本山の対面所において、このことが実現することになった。

しかし当日、対面所で待たれていたのは猊下だけで、池田会長はついに姿を現わさなかった。

私は猊下に、池田会長が学会総会で「今日すでに広宣流布であり、正本堂は七百年来宿願の事の戒壇である」等と公言したことは許しがたい旨を述べ、「かかる上は、学会に明確

にこれを訂正させたい」と申し上げた。猊下は複雑な面持でうなずかれ

「きょうは池田会長の代理で学会首脳が三人本山に来ているから、さっそくここに呼んで話してみましょう」

と云われた。首脳の三人とは、秋谷栄之助副会長（現会長）・森田一哉副会長（現理事長）・和泉覚理事長であった。

猊下を前にして、私と三人は激しく論判した。彼等は理に詰まると

「学会は、すべて猊下の御指南を頂いた上で発言している。どうして学会だけが責められなければならないのか」

と、猊下の責任を持ち出した。私は「猊下の本意はこうだ」と、猊下を守りつつ学会の誑惑だけを破折した。

勝敗すでに明白になった時、猊下は学会代表の三人に

「正本堂は三大秘法抄に御遺命された戒壇ではない。未だ広宣流布は達成されてない。どうか学会は訂正して下さい」

と頼み込むように云われた。これを聞いた秋谷は血相を変えた。

「これほど重大なこと、自分達の一存では決められない。後日改めて御返事申し上げる」

に違いない。

と言うと、憤然として席を立った。彼等の眼には、細井管長の態度が〝裏切り〟と見えた

六月十一日、〝学会が返事をする〟との事で、再び総本山に呼び出された。学会首脳は先日とは打って変った恭順の態度で、三人を代表して森田が猊下に

「先日の猊下の仰せを守り、今後学会の出版物において、絶対に誤りなきよう、すでに担当者にも徹底いたしました」

と申し述べた。猊下は、これですべてが解決したかのように、満足げにうなずかれた。

しかし、私は不安であった。学会は表面恭順を装《よそお》っていても、いつまた猊下に圧力を加えるか知れない。それを防ぐには、学会と妙信講の間で、正本堂が御遺命の戒壇ではない旨の確認書を交《かわ》す以外にはない、と心に決めた。

御前《ごぜん》を退出したのち、控室で私は、学会の三人に確認書を作ることを求めた。とたんに三人の顔色が変った。戦時中の軍部のごとく驕《おご》り高ぶっていた当時の学会にとって、正本堂の誑惑訂正を口頭で誓ったことすら、堪えがたい屈辱であったに違いない。その上さらに確認書を求められたのだから、激昂《げきこう》するのも当然だった。彼等は血相を変え

断固として拒絶した。

しかし私は執拗《しつよう》に求めた。ことは御本仏の御遺命に関わること、宗門の一大事である。ゆえに私は執拗に求め続けた。学会は頑強に拒否し続けた。

この確認書の作製をめぐり、これより六月十六日・同三十日・七月二十三日と、早瀬総監・阿部教学部長の立ち会いで、両者の会談が持たれた。そのたびに秋谷と森田は用意してきた論理を交互に展開した。私はそれを論破し、詰め、そのたびに確認書を迫った。彼等は

「すでに猊下にお誓いした以上、学会は二度と歪曲《わいきょく》はしない。それが信じられない関係なら、確認書を交換しても無意味である。まず信頼関係を築くことこそ先決だ」

などと屁理屈《へりくつ》をこねた。だが八月四日の聖教新聞に、またも正本堂を御遺命の戒壇とする記事が掲載された。私は直ちに文書を以て

「この不誠実は何事か、いったい猊下に何を誓ったのか。だからこそ確認書が必要なのである。もし拒否するならば、全宗門の見守る中で勝負を決する以外にない。八月十九日までに返答をせよ」

と厳しく迫った。

八月十九日、総本山大講堂会議室で会談が持たれた。追いつめられた三人は、牙《きば》をむき出した。火の出るような激論のすえ、ついに彼等は確認書を作ることを認めた。しかし最後に秋谷は
「もし確認書を渡せば、妙信講はこれを利用して外部に見せるのではないか」

と疑った。私は云った。

「御遺命を二度と曲げさせないための確認書である。そんなに心配ならば、両者署名捺《なっ》印《いん》の文書を一通とし、それを猊下のもとに収め奉ろう」と。

かくて昭和四十五年九月十一日、池袋の法道院において、早瀬総監・阿部教学部長・藤本庶務部長の宗務三役僧立ち会いの上で、学会代表の和泉覚理事長・森田一哉・秋谷栄之助両副会長と、妙信講代表の父（当時講頭）と私が署名して、「御報告」と題する確認書が作られた。

その内容は
「一、正本堂は三大秘法抄・一期弘法抄にいうところの最終の戒壇であるとは、現時に

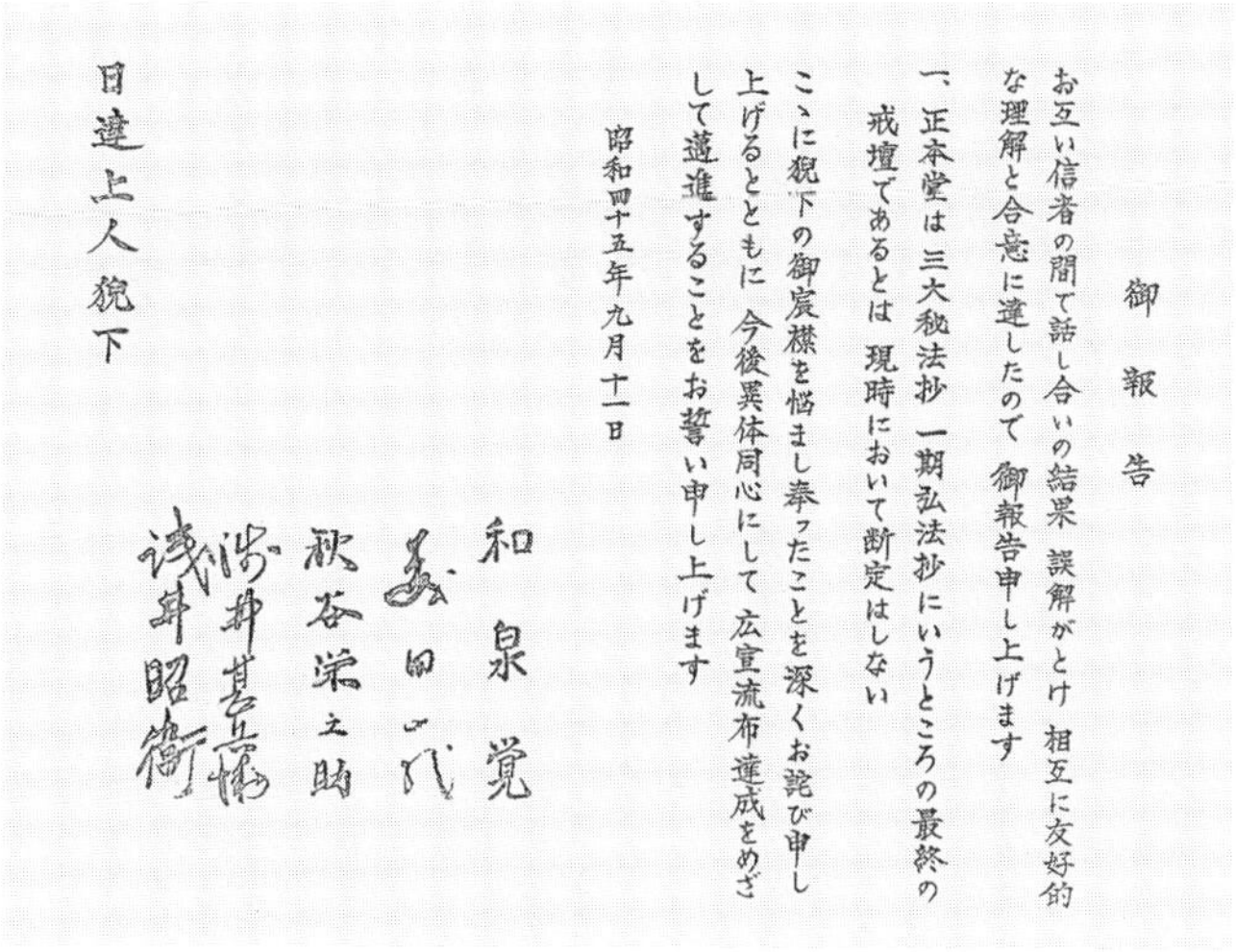
御報告

お互い信者の間で話し合いの結果　誤解がとけ　相互に友好的な理解と合意に達したので　御報告申し上げます

一、正本堂は三大秘法抄　一期弘法抄にいうところの最終の戒壇であるとは　現時において断定はしない

こゝに猊下の御宸襟を悩まし奉ったことを深くお詫び申し上げるとともに　今後異体同心にして　広宣流布達成をめざして邁進することをお誓い申し上げます

昭和四十五年九月十一日

和泉　覚
森田一哉
秋谷栄之助
浅井甚兵衛
浅井昭衛

日達上人猊下

「御報告」と題する確認書

おいて断定しない。

ここに猊下の御宸襟《ごしんきん》を悩まし奉ったことを深くお詫び申し上げると共に、今後異体同心にして広宣流布達成をめざして邁進《まいしん》することをお誓い申し上げます」

というものであった。昭和四十年二月十六日以来、筆に口に「正本堂は御遺命の戒壇」と断定してきた学会が、ここに「断定しない」と云い、また「今日すでに広宣流布」と偽ってきた学会が「今後異体同心にして広宣流布達成をめざして」と訂正したのである。

文言《もんごん》の直截《ちょくさい》ならざるは学会の苦衷《くちゅう》の表われであるが、彼等はその意とするところを口頭で幾度も私に説明し、誠実さを示した。私は彼等を信じてやりたかった。

この確認書は、誑惑の主犯たる学会と、これを糺《ただ》し訂正せしめた妙信講が署名し、宗務院が立ち会い、そして細井管長のもとへ収めたものであれば、誑惑訂正の全宗門的合意を意味していた。

昭和四十五年三月の諫暁書提出以来六ヶ月、この確認書により、宗門に薄日がさすように、しばし御遺命の正義が蘇《よみがえ》った。学会は口頭で誓約したとおり、各種刊行物から誑惑の文言を自発的に削除し、宗門機関誌からも歪曲《わいきょく》の言辞は全く影をひそめた。

このような空気の中で、阿部教学部長には昭和四十六年八月二十日、宗務院の所用とて拙宅《せったく》を訪れた際、居住《いず》まいを正し顔色を革《あらた》め「妙信講の云うところ大聖人の御意に叶えばこそ、宗門の大勢も変った。宗門がここまで立ち直れたのも、妙信講のおかげである」と神妙に挨拶されたこと、よもお忘れではありますまい。

六　第二回諫暁

確認書の決着以来、静かなる時が一年有半流れた。もし池田大作が改悔《かいげ》の心を以て、徐々《じょじょ》に学会員に誑惑の訂正を浸透させていったなら、組織上の動揺も起こらず、学会内に正義は蘇《よみがえ》ったはずである。私はその誠実を期待していた。

しかし池田に改悔はなかった。彼は妙信講の眼を恐れて機関紙上では誑惑の言辞を隠していたが、組織内部では依然として悪義を幾たびも述べていたのであった。

一例を挙げれば、昭和四十六年七月の本部幹部会において

「我々が力を合せて真心をこめて、大聖人様の御遺命である正本堂を建立したのであります」

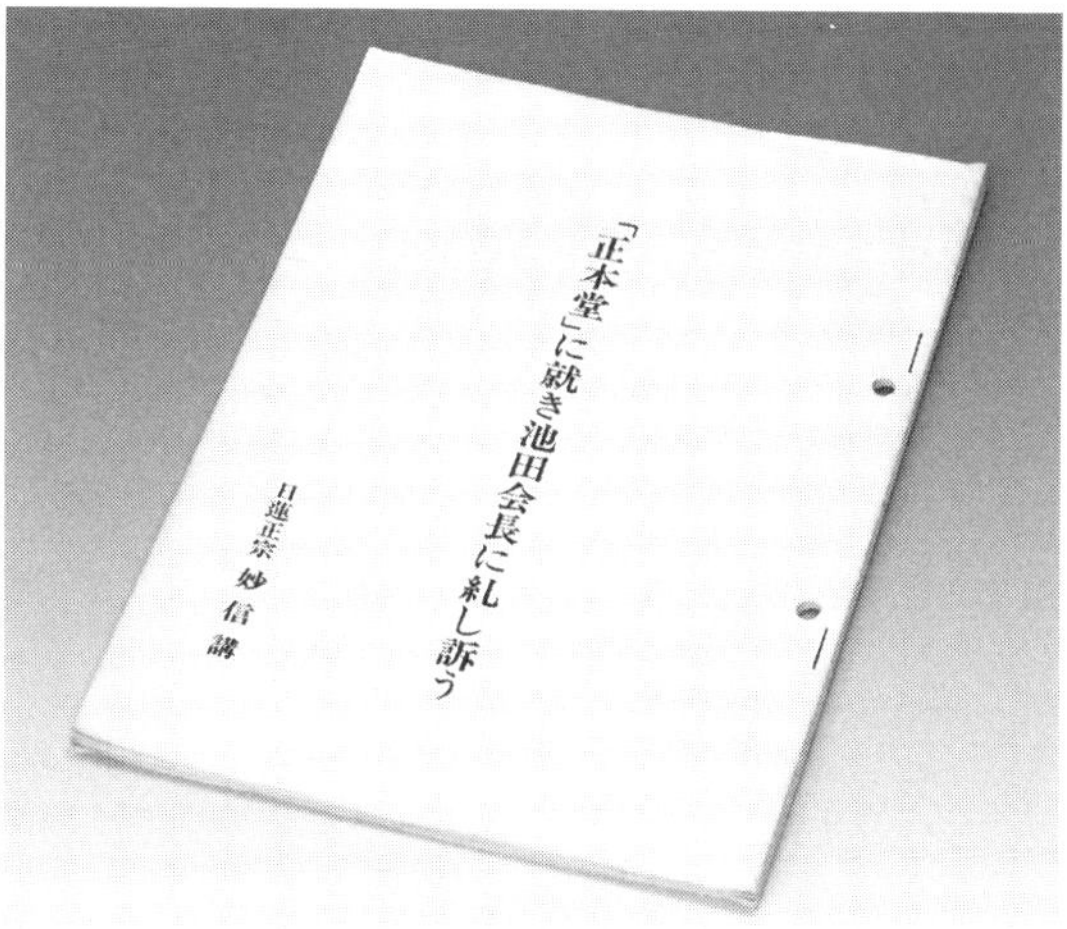

池田会長に宛てた第二回諫暁書

などといっていた。これらの事実を知った時、私は深い憤りと共に、この上は池田会長を直接糺問《きゅうもん》する以外になしと、第二の諫暁書「正本堂に就き池田会長に糺し訴う」を送附した。正本堂落成のほぼ一年前の昭和四十六年十一月十五日であった。

この書の内容は、池田会長の不誠実を責めると共に、正本堂の誑惑を重ねて破したうえで、①正本堂が御遺命の戒壇ではないことを全宗門に公表すること②政府への偽りの回答を撤回して国立戒壇の正義を示すべきことを、池田会長に迫ったものである。

この書を手にした池田は狼狽《ろうばい》し、自ら再度にわたり早瀬総監を法道院にたずね、善後策を協議したとのことである。

この協議の結果なのであろう、池田に替《かわ》って早瀬総監と阿部教学部長が前面に出て来て妙信講に対応するようになった。

早瀬総監は昭和四十七年二月十三日、法道院に私を招き、「妙信講の憤りはわかるが、何とかならないものかと思って、宗務院が乗り出した」と言った。そこで私は

「解決しようという御意志がおありならば、宗務御当局こそ院達を以て誑惑を訂正し、全宗門に布告されるべきである」

と言った。この時、同席していた阿部教学部長が

「これは仮定の話だが、もし院達さえ出されれば、すべてそれで収まるのか」と問うた。

私は「その内容による」と答えた。

翌十四日、再び宗務院から呼び出しがあった。早瀬総監は

「宗務院の考えとして、宗門声明を出そうと思っている。時期は正本堂落慶式の半年前、

内容は『正本堂は現時における事の戒壇である』のただ一ヶ条。ただしこの『事の戒壇』とは、御遺命の戒壇を意味しない、猊下の仰せられる『事の戒壇』ということで、御遺命の事の戒壇は将来に属するから、今は一切ふれない」と。

私は

「今さらそんな曖昧《あいまい》なことでは、誑惑の訂正にはならない。御当局に訂正の御意志があるならば、宗門声明は次のごとき内容であるべきである。

一、正本堂は三大秘法抄・一期弘法抄に御遺命の事の戒壇ではない。

二、正本堂は奉安殿の延長として、国立戒壇建立の日まで本門戒壇の大御本尊を厳護し奉る堂宇である。

三、正しく御遺命の事の戒壇とは、一国広布の暁、富士山天生ヶ原に建立される国立の戒壇である。

宗務院として、かかる宗門声明を出して下さるか」

と、宗務当局の決意を伺った。お二人は長考ののち

「このような重大な事、御虫払法要が済まなければ決められない」と云った。

そして御虫払法要後の四月八日、宗務院から回答文書が送られてきた。ところがその内

容たるや、学会に諂《へつら》って妙信講を欺くという破廉恥《はれんち》極まるものであった。

七　訓諭の発布

そのうえ昭和四十七年四月二十八日、「日蓮正宗管長・細井日達」の名を以て、正本堂の意義を決定する次のような訓諭《くんゆ》が発布された。

「日達、この時に当って正本堂の意義につき宗の内外にこれを闡明《せんめい》し、もって後代《こうだい》の誡証《じょうしょう》となす。

正本堂は、一期弘法付嘱書《いちごぐほうふぞくしょ》並びに三大秘法抄の意義を含む現時における事《じ》の戒壇なり。即ち正本堂は広宣流布の暁に本門寺の戒壇たるべき大殿堂なり」と。

この訓諭の意味するところは〝正本堂は御遺命の戒壇となるべき建物を前以て建てたものであるから、広宣流布の暁にはそのまま「本門寺の戒壇」となる〟というものである。

なぜこのような訓諭が出されたかといえば、妙信講の強き諫めにより、昭和四十七年の正本堂完成時を以て「御遺命は成就、広宣流布は達成」とは云えなくなってしまった。しかしそれでは今までの欺瞞《ぎまん》が内外から指摘される。そこでこの訓諭が発布されたというわ

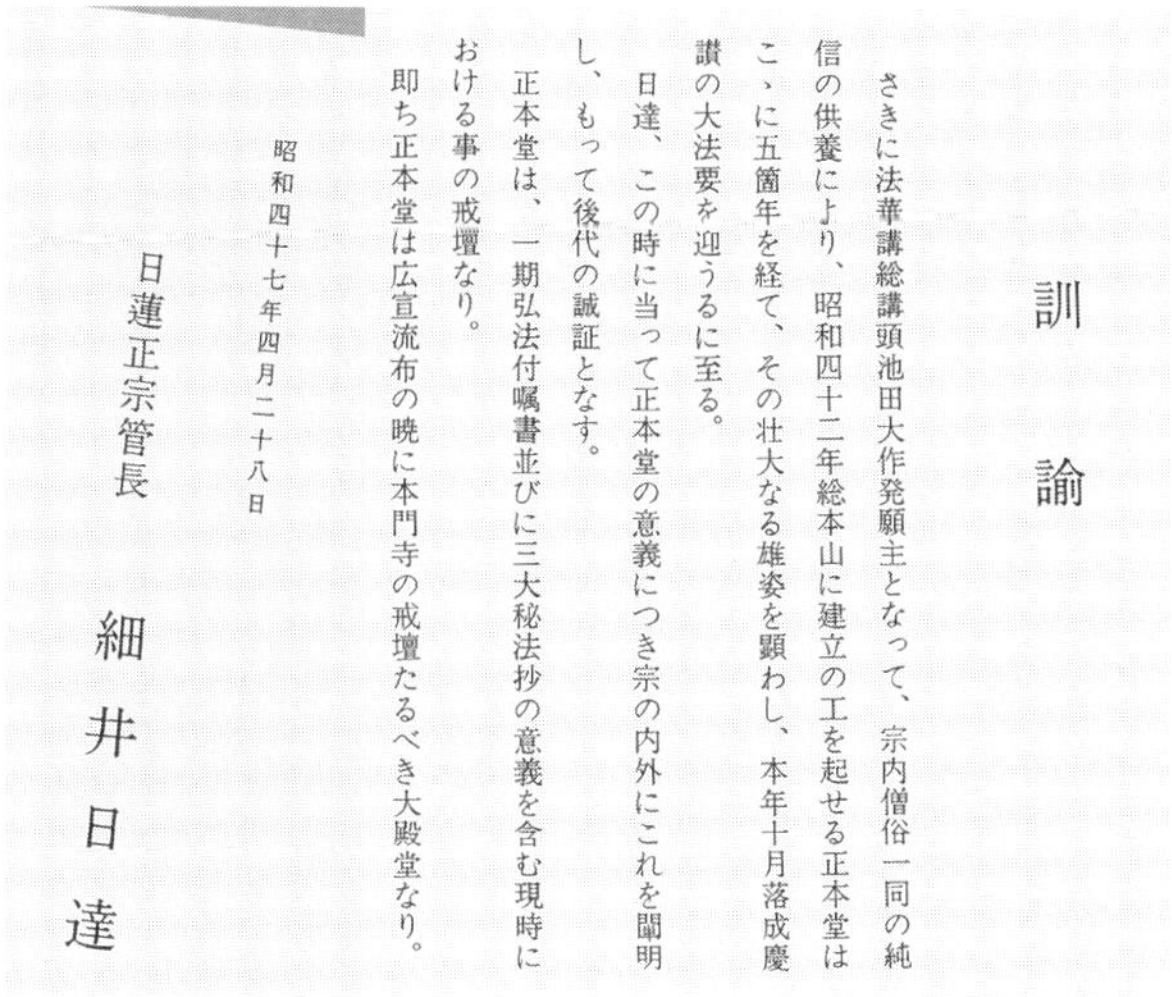

訓諭

さきに法華講総講頭池田大作発願主となって、宗内僧俗一同の純信の供養により、昭和四十二年総本山に建立の工を起せる正本堂はこゝに五箇年を経て、その壮大なる雄姿を顕わし、本年十月落成慶讃の大法要を迎うるに至る。

日達、この時に当って正本堂の意義につき宗の内外にこれを闡明し、もって後代の誠証となす。

正本堂は、一期弘法付嘱書並びに三大秘法抄の意義を含む現時における事の戒壇なり。

即ち正本堂は広宣流布の暁に本門寺の戒壇たるべき大殿堂なり。

昭和四十七年四月二十八日

日蓮正宗管長　細井日達

細井管長が発布した正本堂についての「訓諭」

けである。

すなわち〝未だ広宣流布は達成されていないが、正本堂は建物としては最終の戒壇である〟とすることにより、内には学会員を欺き続けることができ、外には国立戒壇否定の目的が達せられるというわけである。

しかし、広宣流布以前に「本門寺の戒壇」となるべき建物を立てておくということ自体が、「時を待つべきのみ」の御制誡に背く重大な御遺命違背なのである。細井管長は再び池田の圧力に屈して、この訓諭を出してしまったのである。

この間の事情について、当時池田の片腕として妙信講対策を担当し、のちに池田に造反した学会顧問弁護士・山崎正友は、つぎのように暴露《ばくろ》している。

「池田大作氏と創価学会は、必死になって宗務院を固めた。なかば威圧と、理論闘争と、そして『ここまできて、いまさら正本堂が事の戒壇でない、などと云ったら、正本堂御供養金の返還さわぎがおこり、宗門までつぶれてしまう』という脅《おど》しで、創価学会への同調を迫った。私も弁護士という立場で会議に出席し、早瀬総監、阿部教学部長ら宗務院役僧に対し、『いま、正本堂の意義を〝御遺命の戒壇〟とかかわりなし、としてしまったら、正本堂の御供養金を返還せよ、という要求や訴訟が全国的におこり、創価学会も、また日蓮正宗もつぶれてしまう。詐欺で訴えられる』と強調した。そして、ついに押し切り、四月二十八日、時の御法主上人より、『正本堂は、一期弘法抄、三大秘法抄の意義をふくむ現時における事の戒壇なり。広宣流布の暁には、本門寺の戒壇堂となるべき大殿堂なり』との訓諭（法主が発令する、宗内最高形式の布令）を出させることに成功した」（「盗聴教団」）と。

まことに宗門高僧の信心のなさは、大聖人の御眼を恐れるより、学会の威圧を恐れたのであった。この訓諭こそ、御本仏大聖人に対し奉る許されざる背反、また確認書まで作って猊座《げいざ》を学会の圧力から守らんとした妙信講に対する重大な背信行為であった。

私はこの訓諭を出さしめた池田大作に、即日、法論対決を迫る書状を送附した。

ところが返事は宗務院から来た。その内容は「訓諭に従い、池田会長への法論申し入れを撤回せよ。さもなくば宗制宗規に照らし処分する」というものであった。

そしてその翌日、宗務院は臨時宗会を招集し、それまで宗規に無かった講中の処分規定を新設したのであった。

この頃の宗務院、ことに阿部教学部長の行動は学会の走狗《そうく》そのものであった。宜《むべ》なるかな、阿部教学部長は、学会の対妙信講対策メンバーの一員だったのだ。

実は、山崎正友・原島嵩《たかし》等の造反によって学会本部から流出した機密文書「妙信講作戦」によれば、学会は昭和四十七年三月から本格的な妙信講潰滅の作戦を立てていた。その「作戦表」には「総指揮者」が「池田大作——北条浩・山崎正友」と記され、以下部署別に担当者がきめられているが、なんと「教義論争」と「宗門対策」の担当メンバーには、阿部教学部長が、宗門僧侶としてただ一人、学会首脳と肩を並べて名を連ねている。四十七年三月といえば、訓諭発布の前月である。阿部教学部長はこの時すでに、学会の対妙信講作戦の主要メンバーに組みこまれていたのであった。

阿部教学部長の担当した「教義論争」と「宗門対策」とはいったい何であったのか。

まず「教義論争」とは、宗務院として妙信講攻撃の論陣を張ることである。これは阿部教学部長が学会メンバーの教唆《きょうさ》に基いて書いたといわれる「国立戒壇論の誤りについて」

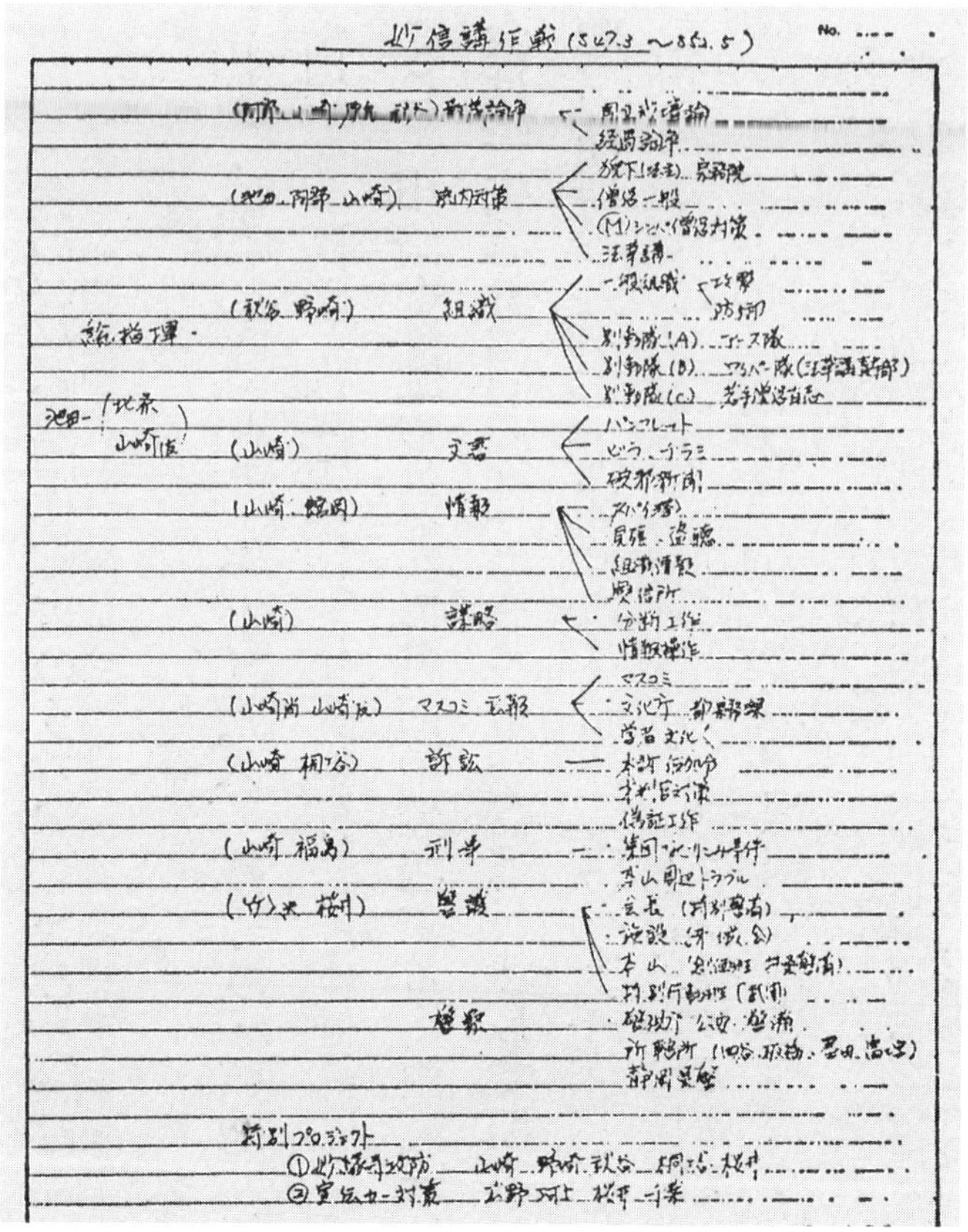
妙信講作戦（S47.3〜S52.5）

学会本部から流出した機密文書「妙信講作戦」

（昭和47年6月刊）と、「本門事の戒壇の本義」（昭和51年2月刊）で実証されている。

また「宗門対策」とは、「猊下（法主）」「Ⓜシンパ僧侶対策」等と説明がついている。すなわち阿部教学部長は、妙信講の諫めによってゆれ動く細井管長を監視することと、妙信講の正論に賛同する宗内僧侶に対する工作を担当していたのであった。

四十七年五月より、妙信講は組織をあげて、学会員に御遺命の正義を訴える文書を配布

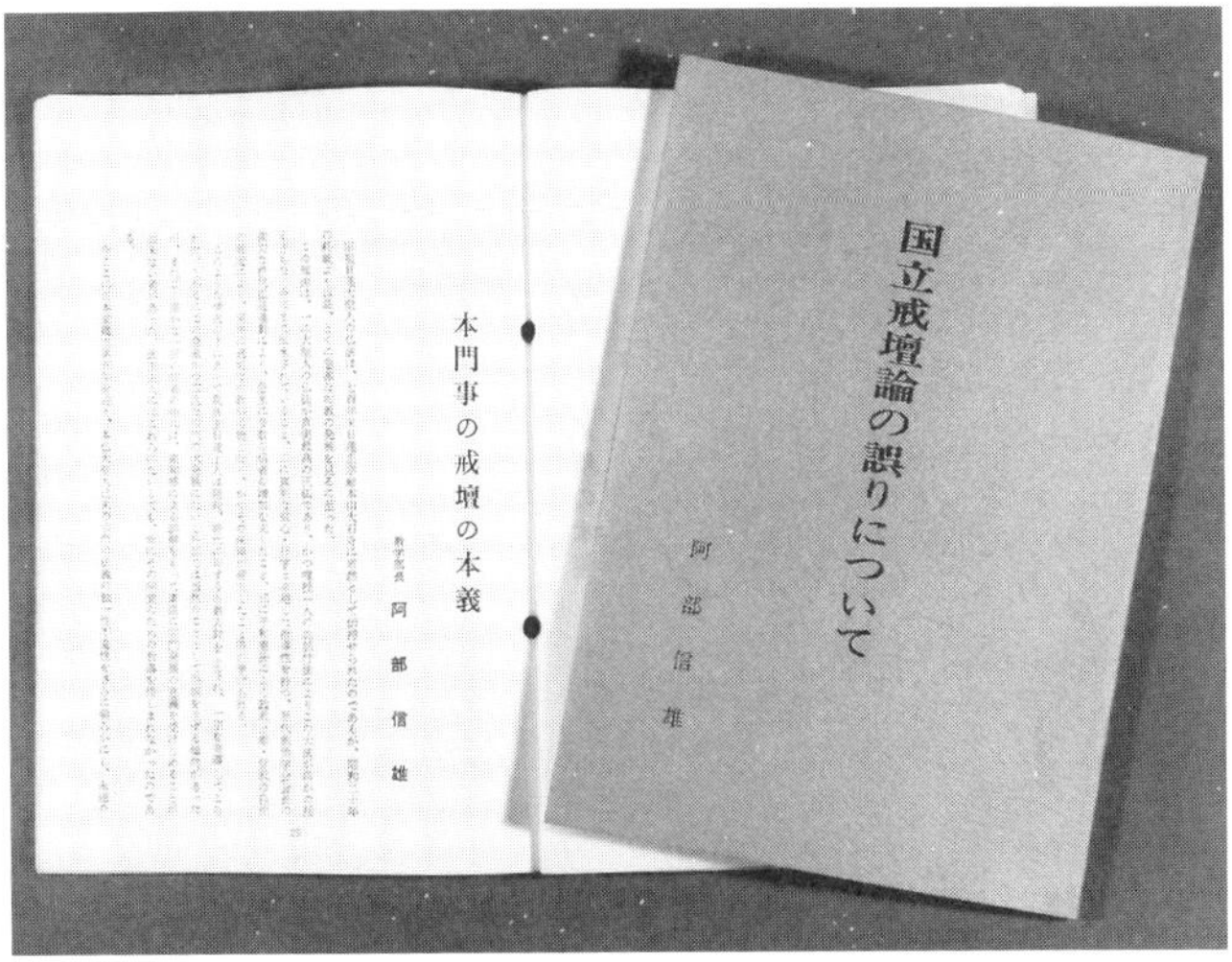

「教義論争」担当の阿部教学部長が執筆した二書

した。これに対し学会は、会員の動揺をおさえるため、「教義論争」担当の阿部教学部長に「国立戒壇論の誤りについて」を書かせた。

六月十三日、宗務院より「池田会長への法論申し入れを撤回せず、さらに文書配布に及んだことは処分に該当するゆえ、弁疏《べんそ》を提出せよ」との通告が来た。

「弁疏《べんそ》」とは〝云いわけ〟である。御遺命を守護する者が、御遺命を破壊せんとする者に云いわけをする必要がどこにあろう。ゆえに私は「弁疏」のかわりに、宗務当局の無道心を強く責め懺悔《ざんげ》訂正を迫る書状を送った。

これで処分は当然と思っていたところ、この書状を見た早瀬総監・阿部教学部長は細井管長に辞表を提出し、いずくかに姿を消してしまった。御本仏の御遺命に背くことの恐ろしさを、肌身に感じたのであろう。

八　細井管長、訓諭を訂正

総監と教学部長の突如の辞任により、宗務院の機能は停止した。池田は事態収拾のため七月三日、妙信講の説得を細井管長に懇願《こんがん》した。

その結果、昭和四十七年七月六日、細井管長は妙縁寺に下向され、父と私を二階の一室に招かれた。この日、細井管長はかなり緊張しておられた。そしていきなり

「今日私は死ぬ気で来ている。下着も取り替えてきている」

などと、あらぬことを口にされた。それは――確認書まで学会に書かせて猊座を学会の圧力から守ろうとした妙信講への背信行為の後《うし》ろめたさを、いいわけしているようなお姿であった。

しかし同時に、「このような決意で来ているのだから何とか……」と、池田に頼まれたのであろう事態の収拾を、しきりと要請された。

私は黙って、ジーっとお聞きしていた。そして話の途切れた時を見計らい、静かに申し上げた。

「私どもは愚かな在家、むずかしい御書・経文のことは全く存じません。ただし、堅く約束された確認書が、弊履《へいり》のごとくふみにじられた事は、道理とも思えません。その上、約束を破った学会・宗務当局はかえって『訓諭』を障壁《しょうへき》として、妙信講に対し『猊下に背く者』と悪罵《あくば》し、処分を以て威《おど》しております。このような行為は、許しがたき所行と存じます」と。

細井管長は云われた。

「宗務院の早瀬と阿部はすでに辞表を出し、いま私が預っている。また確認書はたしかに私の手許にある。この事実を否定する者は宗門にはいない。今回、確認書の約束が破られたような形になったことは、まことに遺憾《いかん》に思っている」と。

そこで私は、「訓諭」が御遺命に背いていることを、静かにゆっくりと、しかし強く指摘申し上げた。

問い詰められた細井管長は

「実は、あの訓諭については、まずい所がある。後半の『即ち正本堂は広宣流布の暁に本門寺の戒壇たるべき大殿堂なり』という部分はまずかった。あれでは、最終の戒壇を前以て建てたことになってしまう。その前の部分の『……現時における事の戒壇なり』で止めておけばよかったが、宗務院に付け加えられてしまった」

と、暗に学会の意を受けた阿部教学部長が付け加えたことを示唆された。これが事実なら、まさに「妙信講作戦」における「宗門対策」担当の面目躍如といわねばならない。

私は単刀直入に申し上げた。

「それでは、ぜひ訓諭をご訂正下さい」

さぞやお憤りかと思ったところ、細井管長はすでに心を決められたのか

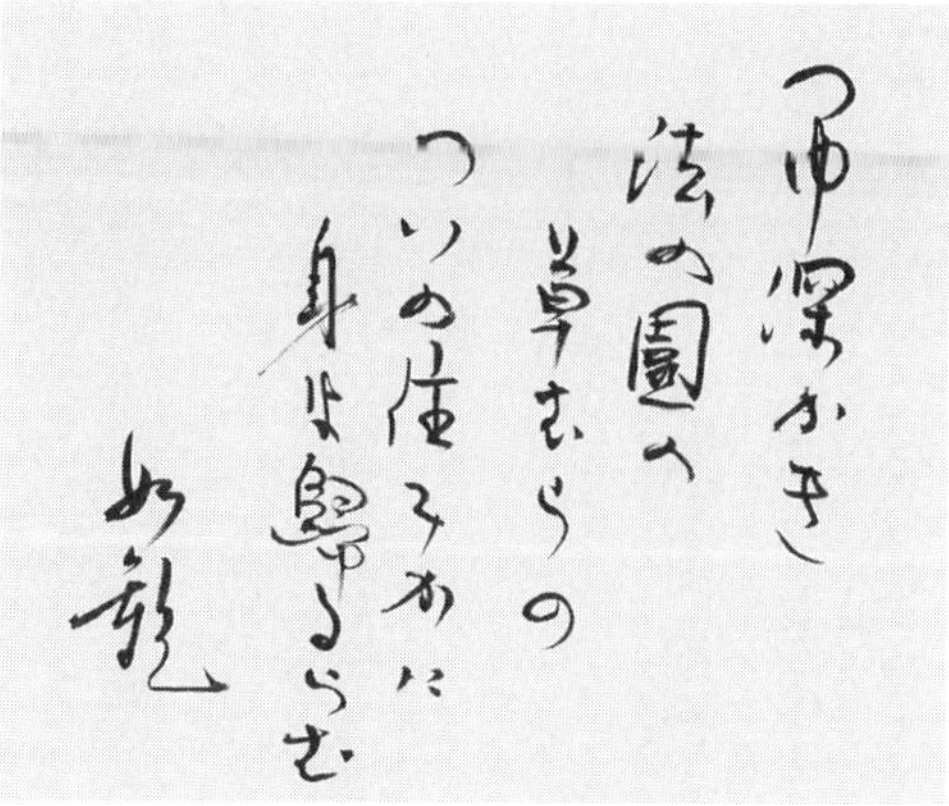

細井管長が書いた〝辞世の句〟

「わかりました。訂正しましょう。しかしまさか訓諭を訂正するとは云えないから、訓諭の新しい解釈として、内容を打ち消す解釈文を『大日蓮』に載せましょう。その原稿は必ず前もって浅井さんに見せますから」

と約束された。話が一段落した時、細井管長は松本妙縁寺住職に命じて筆紙を取り寄せ、「辞世の句」を書いて私に下さった。恐らく、訓諭を訂正すれば学会の猛反撃が予想される、それをも乗り越える決意をこの「辞世の句」にこめられたのであろう。

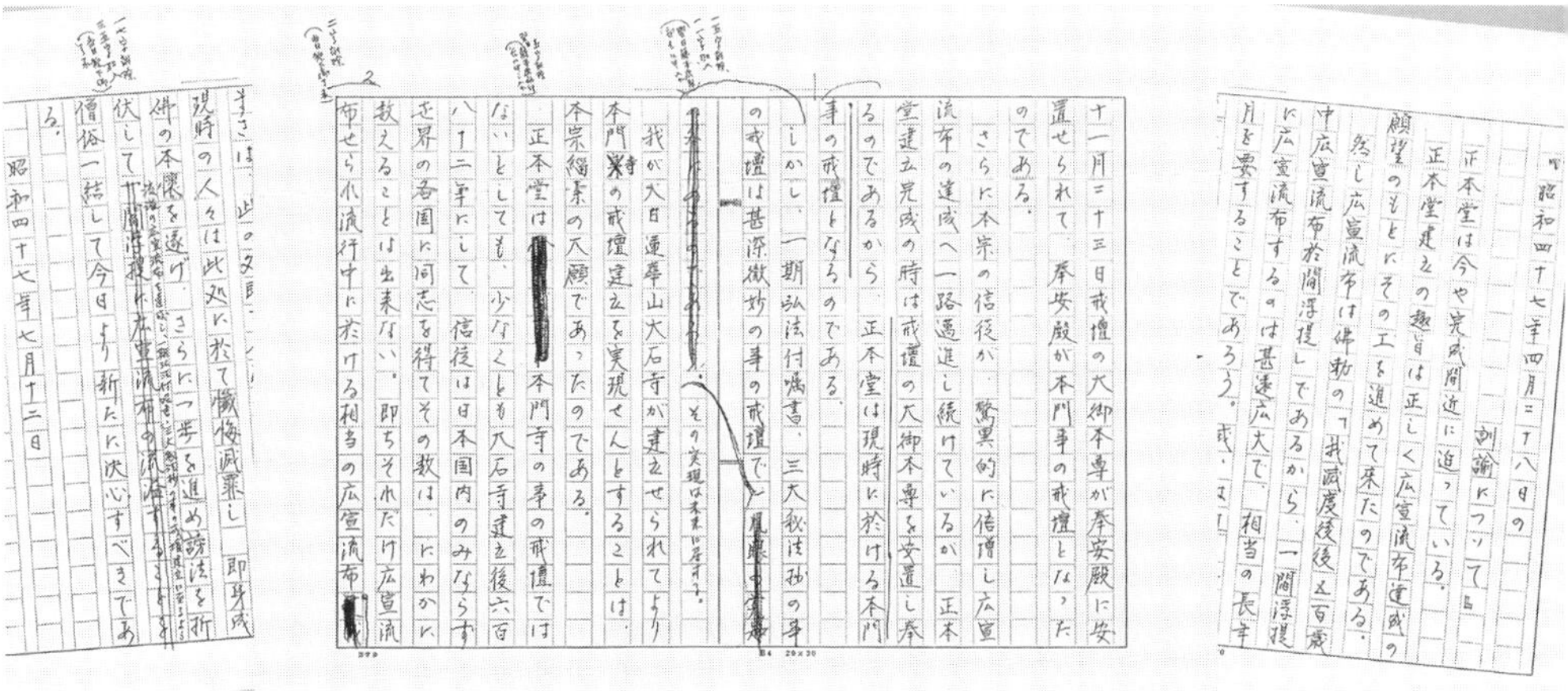

細井管長が妙信講に手渡した「訓諭」の訂正文

七月十九日、細井管長は約束どおり訓諭の訂正文の原稿を、総本山で私に見せて下さった。その内容は学会への配慮から、曖昧《あいまい》な表現に終始していたが、重要な部分は確かに訂正されていた。

すなわち正本堂を、曽て戒壇大御本尊のましました御宝蔵・奉安殿と同意義に扱い、次に御遺命の戒壇については

「一期弘法抄、三大秘法抄の事の戒壇は甚深微妙《じんじんみみょう》の事の戒壇で、凡眼《ぼんげん》の覚知《かくち》の外にあるのであろう」

として、曖昧な表現ながら、正本堂はそれに当らないことを述べている。私がこの文意を幾たびも確認申し上げると、細井管長は明確に

「正本堂は、三大秘法抄・一期弘法抄に御遺命の戒壇とは、全く違います」

と、くり返し云われた。

そこで私は、文意を明確にするため、数ヶ所にわたる文言の修正を願い出ると、細井管長はかたわらの藤本庶務部長を顧みつつ、了承して下さった。そしてこの「解釈文」を宗門機関誌「大日蓮」八月号に掲載することを、改めて約束された。

だが——、またしても学会の圧力に細井管長は屈してしまった。実は学会首脳部（北条・秋谷・原島・山崎）は妙縁寺における細井管長と私との会談を一部始終盗聴していたのだ。そして北条浩副会長が直ちに総本山へ登り、「解釈文を出されるのは結構だが、その内容によっては大変なことになる」（山崎正友「盗聴教団」）と威《おど》したのであった。

八月十二日、細井管長は再び妙縁寺に下向され、憔悴《しょうすい》し切った面持で私に告げられた。

「先日の約束は取り消します。もう私にはどうにもならないのです」

これを聞いても、もう私は驚かなかった。これが宗門の実態だったのである。所詮、元凶たる学会を抑《おさ》える以外に解決はあり得なかった。私は申し上げた。

「学会の代表と会って決着をつけたいのですが、なんとか猊下の御力で、学会に出てくるよう、お申しつけ頂けないでしょうか」

細井管長はうなずきながら

「わかりました。なんとか私から云いましょう。どうか、学会代表とあなたが話し合って、解決して下さい」と云われ、早々に妙縁寺を退出された。

九　学会、機関紙上で訂正

細井管長は直ちにこの旨を学会に伝えて下さった。しかし学会からは何の返事もなかった。私が最も恐れていたのは、池田がこのまま正本堂に「戒壇の大御本尊」を御遷座《ごせんざ》し奉ることだった。学会は妙信講との間では訂正したものの、その事実は公表されてない。よって学会員も世間もこれを知らず欺《あざむ》かれたままになっている。そのうえ池田は多くの来賓を落慶式に招くことをすでに発表していた。――このような誑惑の殿堂に御本仏の御法魂を遷《うつ》し奉ることは――、考えるだに恐れ多いことであった。

すでに落慶式は一ヶ月余に迫っていた。私は池田会長にあて書状を急送した。その趣旨は①直ちに誑惑の訂正をし、正本堂の意義を如法《にょほう》に正すこと②来賓を招くとも、不信の輩は正本堂の中に入れぬこと③訂正がなされぬうちは、断じて御遷座《ごせんざ》をしないこと。この三ヶ条を強く求めて池田会長との早々の面談を申し入れたものであった。

九月六日、学会から返書が来た。彼等も事ここに及んでは、妙信講との対論を回避できぬと観念したのであろう。「猊下の御指示のとおり、整然と話し合いたいと望んでおります」と云ってきた。

かくて十月十二日の正本堂落成式を眼前にして、最後の法論が、九月十三日より同二十八日までの間、七回にわたって行われた。

学会代表は秋谷栄之助副会長・原島嵩《たかし》教学部長・山崎正友弁護士の三人であった。しかし学会側にはさらに後方部隊が控えていた。山崎正友の記するところによれば

「この対論の間中、会場から道を隔てて向かい側の学会員宅の一室で、受信機と録音機を囲み、広野輝夫、竹岡誠治、桐ヶ谷章（弁護士）、八尋頼雄（弁護士）、T・K（検事）らが、私が会場に持ち込んだアタッシュケースに仕かけた発信機から送られる会話に息をひそめ耳をそばだてて聞いていた。彼らは、もし私たちの発言にきわめてまずいことがあればチェックし、途中で僧侶に頼んで会場にメモを入れて注意を喚起するという役割のほかに、対談内容を分析して、その夜、私たちとの打ち合わせの席で、問題点を指摘するなどの役割を担当していた。一日たてば、テープから速記録が起こされ、私たちの手元に届けられて、次の戦いの準備に役立った。妙信講問題に関する私たちの参謀役には、そのほかに、福島、吉村、会田宣明、高井康行、大竹健嗣（各検事）氏らが参加した。……こうした背水の陣

の中で、激しい論戦が妙信講と学会の間に闘わされた」（「盗聴教団」）と。

彼等も文字通り背水の陣であった。法論開始に先立ち、宗門側として千種法輝《ちぐさほうき》宗務支院長が来て宗務院の意向を伝えたが、極度の緊張のためか、メモを持つ手がブルブル震えていた。支院長は「討論は穏かに、そして内容は公表しないように願いたい」と注意し、さらに「正本堂の落慶式は宗門の行事として総本山が行うものであり、学会は関係ない」とだけ述べ了《おわ》ると、そそくさと退席してしまった。つまり、対論の結果とは関係なく落慶式を行うというのだ。

これでは対論の意味がなくなるので、私は秋谷に云った。

「この対論の結論が出るまで、絶対に大御本尊を御遷座申し上げてはならない。そのための対論ではないか」

秋谷は云った。

「落慶式は宗門のおやりになることだし、また十月十二日までに結論が出なければ、どうしようもない」

彼等は明らかに、時間切れに持ちこむ戦法であった。私は云った。

「では、十月十二日までに決着をつけよう」

いよいよ両者背水の陣の激しい論判が開始された。御遺命の戒壇とはいかなるものかを判ずる唯一の基準は三大秘法抄であれば、まず三大秘法抄の文々句々の意の確認から入った。しかしこの確認も、相互の見解を述べるだけでは水掛け論に終わってしまう。勝負を決しなくてはならない。しかし彼等は時間切れを狙っているから、出来るだけ議論を延ばそうとした。相手は三人、こちらは一人。一人が詰まれば他の二人が口を出す。それを一々に詰め、承伏させては論を進めた。

後口、原島はこの時の対論について

「こうした大前提（猊下が訓諭の訂正文を出したこと）がくつがえっている以上、こちらに有利なはずがありません。悪戦苦闘でした。しかし先生（池田）は私たちをかばって下さり、『〝宗門には八分通り勝っているから〟と云っておいたよ。わざとよ』と云っておられました」（「池田大作先生への手紙」）と述懐している。

対論第六回の二十七日に至り、ついに決着がついた。論に詰まった彼等は、こちらの求めに応じて、聖教新聞紙上に訂正文を掲載することをついに応諾《おうだく》したのであった。案文は原島が作った。その主要部分は

「現在は広宣流布の一歩にすぎない。したがって正本堂は猶《なお》未だ三大秘法抄・一期弘法抄

の戒壇の完結ではない。故に正本堂建立をもって、なにもかも完成したように思い、御遺命は達成されてしまったとか、広宣流布は達成されたなどということは誤りである。また、この正本堂には信心強盛の人のみがここに集いきたり、御開扉を願う資格がある。したがって正本堂は広宣流布のその日まで、信徒に限って内拝を許されることはいうまでもない」と。

　これまで学会は、正本堂を指して「三大秘法抄・一期弘法抄の戒壇」といい、またこの建立を以て「御遺命は達成、広宣流布は達成」と云い続けてきた。今その誑惑を、自ら「御遺命は達成されてしまったとか、広宣流布は達成されたなどということは誤りである」と明言したのである。また「正本堂には信心強盛の人のみが」以下は、正本堂を奉安殿の延長と規定したものである。明確な訂正であった。

(1)　5版・　昭和26年6月19日第三種郵便物認可・昭和40年7月10日国鉄東

正本堂落慶の時を迎えて

――理事長　和泉　覚

正本堂落慶を迎えるにあたって和泉理事長より次のような発表があった。

◇　◇

私達の待ちに待った正本堂落慶の日を、ついに迎えることとなった。だれびとの胸中にも万感迫る思いであろう。この荘厳なる新世紀の幕あけこそ、人類の希望の船出でなくして何であろうか。

思えば、この人類の幸福と平和の殿堂を築き上げたものは何か。それは、一人一人の、強き、厚き信仰の志であった。汗と涙と、そして歓喜の胸中の宝塔の輝きこそ、正本堂とともに、後世への鏡として伝えられていくことであろう。

ここで私達が銘記したいことは、再び心新たに広宣流布の大目的に向かって、未曾有（みぞうさんぱい）の決意で進むことである。

御義口伝にいわく「大願とは法華弘通なり」（御書全集七三六ページ）と。御本仏日蓮大聖人の大願は、広宣流布にある。この大願を成就していく根源の力は、一人一人の信心の確立と異体同心の団結以外にない。

ひるがえって、現今の世界は「末法濁悪」の御金言の通り、濁乱の様相を色濃く顕わせている。人々は、いよいよ、いかに生きたらよいかわからないといった混迷の渦中に没入している。きらびやかな文明の殿堂の奥には、幾多のひずみが広がり、苦悩のうめきは、深く、また大きく、私達の耳を打つ。しかしこの大悪は大善の瑞相であり、黎明を待つ深き闇であると云えたい。今や、顕在的にも潜在的にも、偉大な宗教を求める方向へと時代は動いている。

この時にあたり、私達は、再び大聖人の「一切衆生の異の苦を受くるは悉く是れ日蓮一人の苦なるべし」（同七五八ページ）の大慈悲の御文をかみしめたい。そして、人々の生命に刻印された苦悩に、勇敢に挑戦していきたい。

大聖人の仏法は、本因妙の仏法である。全民衆を救おうとの大聖人の大精神に立つならば、現在は広宣流布の一歩にすぎない。したがって正本堂は、なお未だ三大秘法抄・一期弘法抄の戒壇の完結ではない。ゆえに正本堂建立をもって、なにもかも完成したように思い、ご遺命は達成してしまったとか、広宣流布は達成されたなどということは誤りである。また、この正本堂には信心強盛の人のみがここに集いきたり、御開扉を願う資格がある。したがって、正本堂は広宣流布のその日まで信徒に限って内拝を許されることはいうまでもない。

正本堂に込められたものは、信仰によって結ばれた民衆の平和への切実な願いである。この宝塔を更に荘厳するのは、まさしく、私達のこれからの戦いのいかんにかかっていることを断じて忘れてはならない。

御義口伝にいわく「本化弘通の妙法蓮華経の大忍辱の力を以て弘通するを娑婆と云うなり、忍辱は寂光土なり此の忍辱の心を釈迦牟尼仏と云えり娑婆とは堪忍世界と云うなり」（同七七一ページ）と。この現実の苦悩の世界に大忍辱の心で折伏弘通に邁進することが地涌の菩薩の本義であり、そのなかにこそ常寂光土を開いていくのである。

聖業の地・富士のふもとに羽ばたく正本堂の雄姿とともに、生命の宮殿を開き、日達上人猊下のもと、池田会長のもと、広宣流布の使命の庭に、胸を張って生き抜いていこうではないか。

正本堂落慶のこの時を、人類のあすの命運を担う私達の新たなる発心の日としたい。

正本堂落成式の九日前、聖教新聞に掲載された「訂正文」

私はこの文を池田会長の名を以て公表するよう求めた。三人は沈痛な面持《おももち》でうつむいていたが、原島教学部長が哀願するように

「それだけは弟子として忍びない、私達は生きては帰れない、なんとか和泉理事長の名で……」と云った。

もとより辱《はずかし》めることが目的ではない。私は原島の〝師〟を思う心情を汲《く》み、〝武士の情《なさけ》〟としてこれを了承した。原島は目に涙を浮かべ、両手をついて「有難うございました」と頭を下げた。

この訂正文は約束どおり、十月三日の聖教新聞に掲載された。

十　池田の裏切り

だが、弟子にこのような思いをさせながら、師匠の池田大作には誠実の一かけらもなかった。彼は十月十二日の正本堂落成式において、福島源次郎副会長を通して

「本日、七百年前の日蓮大聖人の御遺命が達成されました。ありがとう」

と、参詣の全学会員に伝えていたのであった。のちに池田に離反した原島は、その時の

もようを自著で次のように述べている。

「一〇月一二日の正本堂落慶奉告大法要が営まれました。……ところが、法要が終わってから、ある一件が起きたのです。下山《げざん》のバスの乗客に池田先生のご伝言が伝えられました。『本日、七百年前の日蓮大聖人の御遺命が達成されました。ありがとう』……私は、それをいちはやく聞くやすぐに手を打つことを考えました。しかし、バスはほとんど出てしまっていたのです。これがもしも妙信講の耳に入ったら大変です。その後の諸行事に不測の事態が起こらないとは限りません。……また、理事長談話として社会への公表を裏切ることになります。また会員は広宣流布の目標を失ってしまうことにもなりかねません。たとえ池田先生の言葉でありましても、これは阻止しなければならないと決断いたしました。バスが到着するところに幹部を待機させ、それを一切打ち消すように、首脳に手配していただきました。私も若気のいたりで、真剣さのあまり少々感情が高ぶっていました。先生の伝言をそのまま伝えたのは、ある首脳でした。私はその人に『責任をとれ』といいました。しかし、そのことが池田先生の逆鱗《げきりん》にふれてしまいました。雪山坊《せっせんぼう》の一階ロビーで『責任をとれとは何だ！正本堂は御遺命の戒壇ではないのか』等々、烈火のような先生の怒りは周りの人々にさえ恐怖感をいだかせたようです。私はせめて『ただ先生をお守りしたい

ばかりに』というのがせいいっぱいでした。『オレなんか守らなくたっていい、私は牢にいくことも辞さない男だ』……牢に行くことも辞さない決意であることは結構だとしても、それが日蓮正宗の法義にそむくものであったら、その決意は到底容認できることではありません。しかし私は愚かにもそのときはただ先生のすごい気魄に圧倒されてしまいました。そのあとで首脳その他の人々が雪山坊の三階に集合したときも、池田先生は同じように、今度はねちねちと私を総括されました。……しかし、このときばかりは、先生ご自身の力で七百年の悲願を達成したのだぞ、とのお心が見え見えでした。いかに会員のためとはいえ、日蓮正宗の根本法義に関わり、かつ社会に公表したことに対し、これとは全く逆のことを口コミで流すということは、決してなさるべきではありません」（「池田大作先生への手紙」）と。

ここに表われているのが、池田の本心だった。彼は昭和四十七年の正本堂完成を以て「御遺命は達成、広宣流布は達成」と宣言したかった、だが妙信講の諫暁によって阻止された。

その鬱憤《うっぷん》を、このような形で晴らしていたのだ。

池田の無道心と卑劣はこれだけではなかった。あろうことか、彼は正本堂の落慶式に先立って行われた完工式に、ローマ法王庁から二人、米国から二人、都合四人のキリスト教神父を正式に招いていたのであった。もし池田が妙信講の眼を恐れていなかったら、これら邪法の神父が戒壇の大御本尊まします落慶式に招かれていたことは、神父たちの前以て用意した祝辞に明らかであった。

なんたる腐敗堕落であろうか。池田には信心のかけらもない。あるのは、ただ政治野心と名聞名利《みょうもんみょうり》だけだった。しかし妙信講がこの悪事を知ったのは二年後の四十九年の夏であった。

正本堂完工式に招かれたキリスト教神父たち

十一　解散処分下る

昭和四十九年四月三十日、総本山への御登山を願い出た妙信講に対し、宗務院は「国立戒壇を捨てなければ、登山は許されない」と伝えてきた。池田の意向たることはいうまでもない。

国立戒壇を捨てて御登山をして、果して大聖人はお喜び下さるであろうか。ここにおいて妙信講は講の安穏よりも、大聖人への忠誠を選んだ。

御遺命守護の御奉公未だ終らず——。これより、国立戒壇の正義を全学会員に知らしめんとの、組織をあげての大規模な戦いが、再び開始された。

かくて昭和四十九年八月十二日、覚悟のごとく、ついに妙信講に解散処分が下された。その理由は

「国立戒壇の名称を使用しない旨の宗門の公式決定に違反し、訓諭に異義を唱えたゆえ……」とあった。

十二　本門寺改称の陰謀

日蓮正宗の中から邪魔者を排除したつもりの池田大作は、いよいよ誑惑《おうわく》の完結をたくらんだ。すなわち大石寺を「富士山本門寺」と改称することであった。

すでに欺瞞《ぎまん》の正本堂は建ててある。その上で大石寺を「富士山本門寺」と改称すれば、正本堂は「富士山本門寺本堂」となり、百六箇抄《ひゃくろっかしょう》の「三箇《さんか》の秘法建立の勝地は富士山本門寺本堂なり」の御文を偽ることができ、誑惑は完結するのである。

妙信講を解散処分に付した三ヶ月のちの昭和四十九年十一月十七日、池田は学会本部総会を開き、席上、細井管長に次のようなことを云わせた。

「日本国全人口の三分の一以上の人が、本門事の戒壇の御本尊に純真な、しかも確実な信心をもって本門の題目・南無妙法蓮華経を異口同音《いくどうおん》に唱えたてまつることができたとき、その時こそ日本一国は広宣流布したと申し上げるべきことであると、思うのであります。その時には我が大石寺は、僧侶の指導者たち、信徒の指導者たち、相寄り相談のうえ、大聖人ご遺命の富士山本門寺と改称することもありうると、信ずるのであります」（大日蓮50年1月号）と。

この講演こそ、池田が「時の法主」に云わせた「本門寺改称」の大陰謀であった。

細井管長のいう「日本の三分の一が入信すれば広宣流布」とは、常に池田が口にしていた「舎衛《しゃえ》の三億《さんのく》」のごまかし広宣流布である。すでに細井管長はこの論法を以て、正本堂の誑惑を始めた昭和四十年一月に「すでに広宣流布しておる」（大日蓮40年1月号）と云ったものである。このような欺瞞《ぎまん》の広宣流布ならば、いつでも〝達成〟を宣言できる。都合のいい時に池田が〝三分の一に達した〟と云い、それを「法主」が認めさえすれば〝広宣流布は達成〟となり、そのとき大石寺を「本門寺」と改称する——この伏線を張ったのがこの講演である。

一分の改悔《かいげ》を以て訓諭の訂正文まで書いた細井管長が、どうして自ら進んで、このような仏法相違の己義《こぎ》を述べようか。池田の圧力によることは誰の目にも明らかだった。

しかし宗門僧侶の中で、ひとりだけこの講演を再三にわたって異常に賞揚したのが、阿部信雄教学部長であった。云く

「ここに猊下には、正本堂建立第三年に当る本年十一月十七日、名古屋における創価学会総会におかれまして、将来の広宣流布に関する大綱の主旨を御示し遊ばされました。これは宗門七百年の歴史において、実に未曾有とも云うべき重大な指針であり、我々一同この大日標の御指南を賜った事に深い意義と喜びを感ずるものでございます」（大日蓮50年1月号）

また云く

「御法主上人猊下には、昨年十一月十七日の創価学会本部総会において、広宣流布は近きにありと高唱あそばされ、日本全民衆の三分の一が純真かつ確実な信心を持った時は広宣流布であり、またその時僧俗の関係首脳協議の上で本門寺と称することもありうるという、広宣流布の一大指針を御指南あそばされました。……吾々正宗の僧俗は、本仏大聖人の御遺命たる一期弘法抄の『国主此の法を立てらるれば富士山に本門寺の戒壇を建立せらるべきなり』の金文が、七百年後の今日、現実にどのような形で実現されるのであるかを待ち望んでおりました。……このたびの大指針こそ、あらゆる点から考えて、世界広布の一大基盤としての日本広布に関する、本仏大聖人の大慈悲に尤も適合し奉るものと拝するのであります。また大聖人の御遺命・御金言を、現実の広布の上に指南あそばされる唯一人の御方こそ、血脈付法の法主上人にあらせられます。……国中の三分の一に満ちたとき、他の宗教や政治に対する圧力は微塵もなく、……常楽をかなでる幸福な社会が顕れることを確信いたします。また全信徒の指導者たる法華講総講頭・池田大作先生も至極お元気で、……猊下と宗門を常にお守り下さっておられます。この僧俗一致の姿こそ大本門寺建立につながる広布の基盤であります。吾々は、法主上人の鳳詔を更に深く心に体し、本門寺実現の大目標をめざし、……邁進致そうではありませんか」（大日蓮50年1月号）

さらに云く

「ここに猊下は、きわめて慎重な表現をとられつつも、御遺命の富士山本門寺と改称すべき時と、條件の大綱を、示され給うたのである。この時、現在の正本堂が、本門寺本堂となるであろうことは、昭和四十七年四月二十八日の訓諭と合せ拝するとき、まことに明らかであろう。……大石寺創建七百年という宗門史上重大な時を間近に迎えようとしていることに、不思議な一致を感ずる」（戒壇論後記）と。

これらの阿部教学部長の発言をみれば、細井管長の「訓諭」と「本門寺改称講演」との脈絡が、はっきりと浮かび上がってこよう。これこそまぎれもなく、誑惑完結を狙う池田大作の大路線であり、それを助けているのが阿部教学部長であった。

十三　大罰現わる

だがこの頃より、細井管長と池田の間には、深刻な亀裂《きれつ》が生じていた。池田は、細井管長が妙信講の諫めにあうたびに学会を裏切ったことに、強い憤りを持っていた。そこで彼は、宗門への支配力をさらに強化することを策した。宗門が学会への依存なくしては自立できぬよう総本山への経済封鎖を行ったのである。
まず正本堂完成直後、彼は学会員の総本山参詣を激減させた。総本山はたちまち閑古鳥《かんこどり》がないた。この異変は世間の話題にものぼるほどであった。

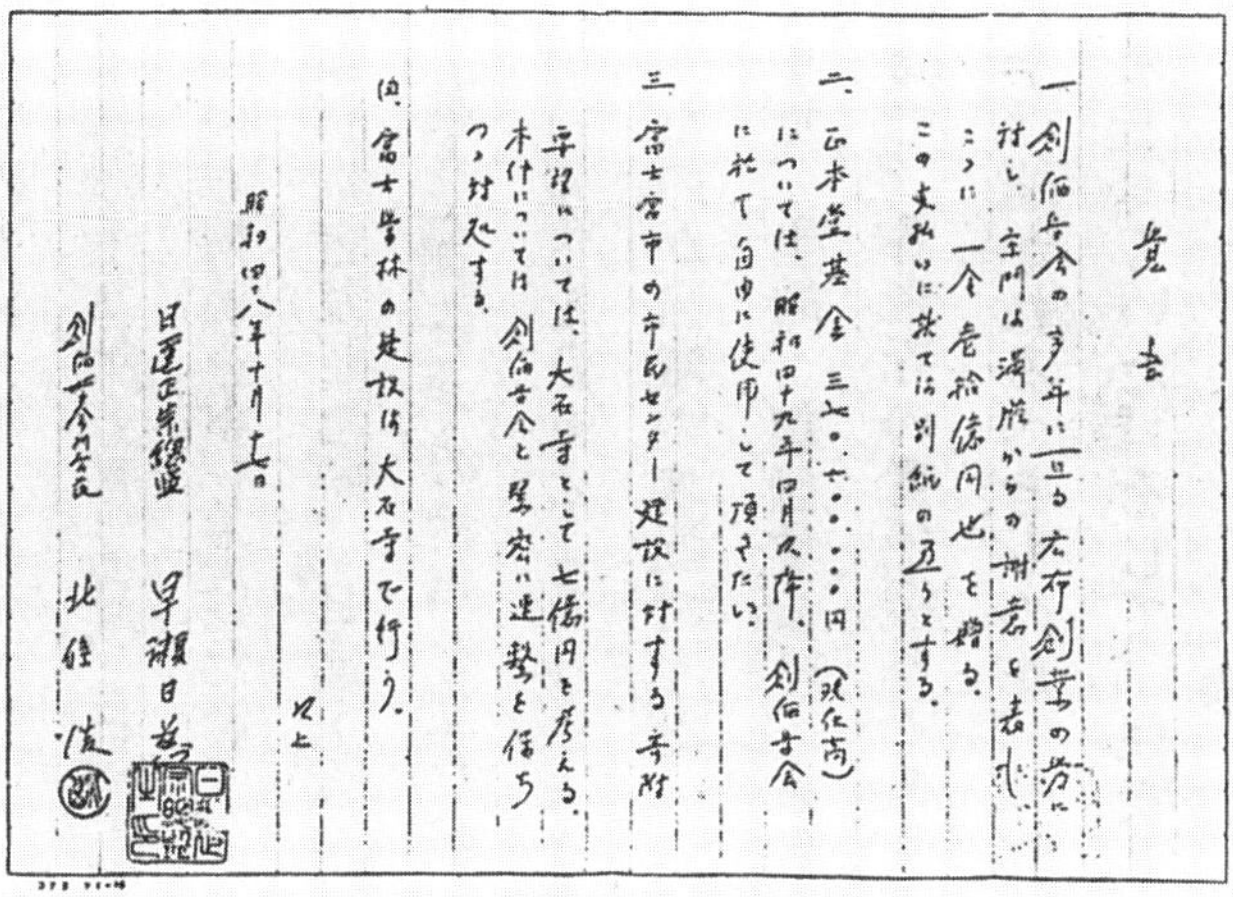
覚書

一、創価学会の多年に亘る宗門外護の労に対し、宗門は満腔からの謝意を表し、ここに一金壱拾億円也を贈る。この支払いに就ては別紙の通りとする。

二、正本堂基金 三〇〇、六〇〇、〇〇〇円（現在高）については、昭和四十九年四月以降、創価学会に於て自由に使用して頂きたい。

三、富士宮市の市民センター建設に対する寄附寺院については、大石寺として七億円を考える。本件については創価学会と緊密に連繋を保ちつつ対処する。

四、富士学林の建設は大石寺で行う。

以上

昭和四十八年十月十七日

日蓮正宗総監　早瀬日慈

創価学会副会長　北條浩

宗門と学会が取り交した「覚書」

さらに正本堂落慶一周年の昭和四十八年十月十四日、池田は正本堂の東側広場において、大勢の学会員の見ている前で細井管長を怒鳴《どな》りつけ、十三億五千万円を学会に寄附することを要求した。これは、総本山の経済力を減殺《げんさい》させるとともに、池田が細井管長をも凌《しの》ぐ存在であることを、誇示したものである。

まことに横暴の極みともいえる振舞いであるが、どういうわけか宗門はこの要求を容《い》れて、この事件の三日のち、早瀬総監と北条副会長との間で、宗門から学会へ寄附する旨の「覚書」が交されている。

池田は細井管長を怒鳴りつけた理由について、原島にこう語っている。

「あのときなぜ怒ったかといえば、妙信講のとき、猊下はあっちについたり、こっちについたりしたからだ。覚《おぼ》えておけ！」（「池田大作先生への手紙」）

このような池田の振舞いに対して、細井管長も次第に反発を強め

「これはもう、この儘《まま》じゃ話にもならない。もしどこまでも学会が来なければ、それは正本堂を造ってもらって有難いけれども、……もし学会が来なくて、こっちの生活が立たないと云うならば、御本尊は御宝蔵へおしまいして、特別な人が来たならば、御開帳《ごかいちょう》願う人があったら御開帳してよいと云う覚悟を私は決めたわけです」（昭和49年7月27日・宗門僧侶への講演）

などの学会批判を、本山に僧侶を集めては繰り返すようになった。まさにそれは、御遺命を破壊せんとした者同志の、醜い仲間割れであった。

細井管長のもとには、日頃から学会に反感を懐いていた多数の僧侶（後の正信会）が結集し、「法主」の錦旗《きんき》のもと、学会員を末寺の檀徒に取りこむ運動を始めた。ここに昭和五十二年を期として、宗門僧侶も、法華講連合会も、学会組織も、それぞれ細井管長につくか、池田会長につくかの、醜悪な争いが始まった。この抗争こそ、まさしく御遺命違背の罰であった。

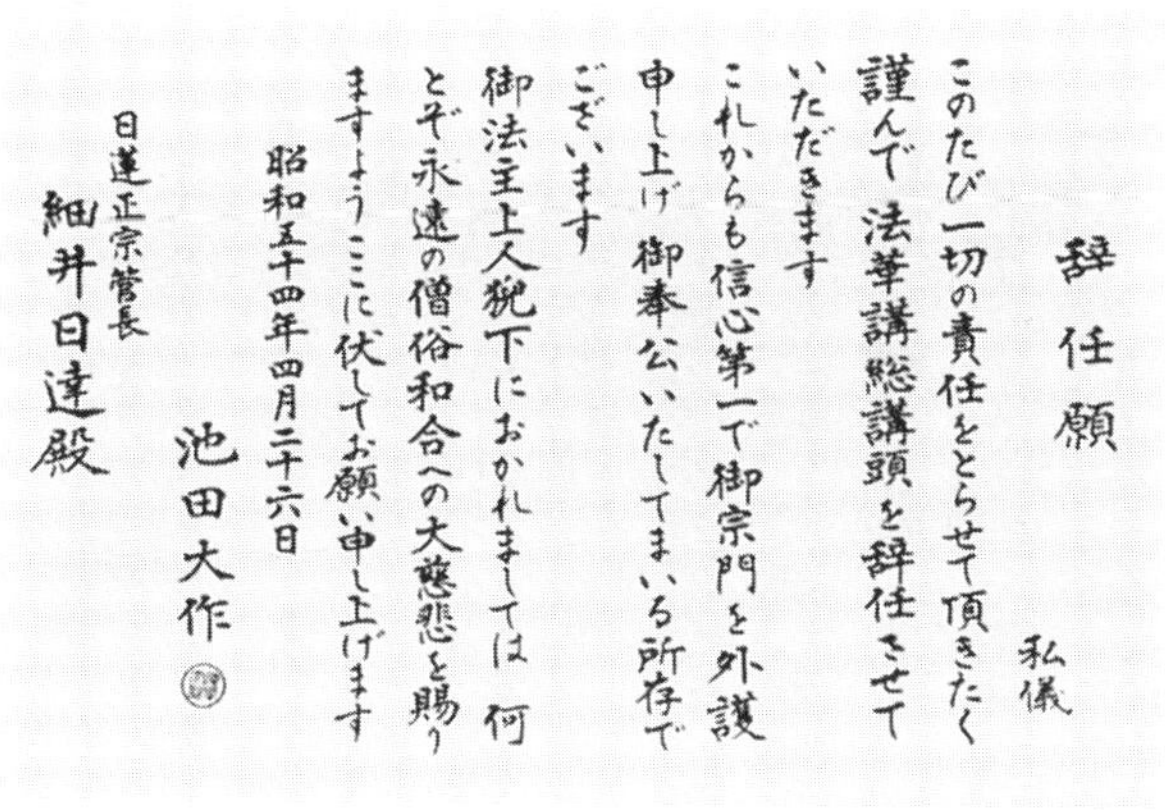
辞任願

私儀

このたび一切の責任をとらせて頂きたく
謹んで法華講総講頭を辞任させて
いただきます
これからも信心第一で御宗門を外護
申し上げ御奉公いたしてまいる所存で
ございます
御法主上人猊下におかれましては　何
とぞ永遠の僧俗和合への大慈悲を賜り
ますようここに伏してお願い申し上げます

昭和五十四年四月二十六日

池田大作

日蓮正宗管長
細井日達殿

池田が提出した法華講総講頭「辞任願」

池田は形勢不利とみて、昭和五十四年四月二十六日、日蓮正宗信徒の指導者として与えられていた「法華講総講頭」の地位、ならびに創価学会々長の職を辞し、事態の収拾を図った。

細井管長はこれら池田の巧みな懐柔工作によりしばしば態度を変転させたが、同管長のもとに集った活動家僧侶は、池田の辞任を見てますます勢いづいた。

だが、この抗争のさなかの昭和五十四年七月二十二日、細井管長はフジヤマ病院で急逝された。次いで猊座《げいざ》に登ったのが——終始池田に忠勤を励んできた阿部信雄総監（前教学部長）であった。

登座の後もひたすら学会に迎合する阿部管長に対し、反学会活動家僧侶たちは強く反発し、やがて「阿部管長は相承を受けてない。したがって法主にあらず、管長にあらず」として、その地位をめぐって訴訟を起こすに至った。

阿部管長は宗門全僧侶の三分の一にも相当するこれら反学会僧侶約二百名を、擯斥処分

（宗門追放）に付した。これより泥沼のごとき抗争が、法廷の内外でくりひろげられ、今日に及んでいる。

およそ宗門七百年の歴史において、このような不祥事が曽てあったであろうか。これこそ、七百年来曽てなき御遺命違背という大悪により、曽てなき大罰が現われたのである。

十四　誑惑完結を本年に狙う

しかしながら池田大作の誑惑完結への執念は異常であった。それは、もし正本堂の誑惑を完結しなければ、「七百年来の宿願」「久遠元初以来の壮挙」「仏教三千余年 史上空前の偉業」と自讃してきた名利が空しくなり、また学会員を誑《たぶら》かして血の出るような募財《ぼざい》を強い、さらに政府・国会を欺いてきた辻褄《つじつま》が合わなくなるからである。

彼は細井管長に替わった阿部管長を、思うままに動かした。

正本堂建立十周年に当る昭和五十七年十月の記念式典において、阿部管長は「正本堂なる名称が百六箇抄の『富士山本門寺本堂』に由来する」旨を述べ、やがて大石寺が「富士山本門寺」と改称さるべき旨を示唆《しさ》した。ここに誑惑完結の路線は再び始動したのである。

さらに阿部管長は昭和五十九年一月二日、池田の誕生日を選んで、彼を再び「法華講総講頭」に復権させた。これで、本門寺改称の条件である「僧侶の指導者たち、信徒の指導者たち、相寄り相談のうえ」の「信徒の指導者」が復活したのである。

あとは偽りの「広布達成」の儀式をすればよい。

それはどのような儀式か、池田は正本堂の誑惑を始めた時から、次のように決めていた。

「広宣流布の時には、不開門《あかずのもん》が開きます。……それが創価学会の究極の目的の一つです。その時には不開門が開く。一義には、天皇という意味もありますが、再往は時の最高の権力者であるとされています。すなわち、公明党がどんなに発展しようが、創価学会がどんなに発展しようが、時の法華講の総講頭であり、創価学会の会長がその先頭になることだけは仏法の方程式として言っておきます。後々のためにいっておかないと、狂いを生ずるからいうのです。私は謙虚な人間です。……そのため、かえってわからなくなってしまうことを心配するのです。……私が御法主上人猊下様、大聖人様に、不開門《あかずのもん》を開いて、このように広宣流布いたしましたと、猊下をお通し申して、一閻浮提総与《いちえんぶだいそうよ》の大御本尊様にご報告することが、究極の、広宣流布の暁の、その意義なのであります」(聖教40・7・26)

池田が「不開門」を開く――それが「広布達成の儀式」だったのである。彼は日本の国主を気取っていた。この講演のしばらくのち、彼は大幹部を前にこう語っている。

「私は、日本の国主であり、大統領であり、精神界の王者であり、思想・文化・一切の指導者、最高権力者である」（高瀬広居「人間革命をめざす池田大作その思想と生き方」）と。

まさに蘇我入鹿《そがのいるか》を思わせる大慢心ぶりではないか。

では、この大慢心者が狙いをつけていた誑惑完結の年とはいつか。それが「昭和六十五年（平成二年）」すなわち本年なのである。

池田大作が前々からこの年を狙っていたことは、彼の多くの発言が証明している。その一・二を挙げれば

「昭和五十四年から、もう十一年目までのばしてみると、その十一年目が正応三年十月十二日、いまの日蓮正宗総本山富士大石寺が創立されてから、ちょうど七百年目にあたります。……その年は、また不思議に、戸田会長の三十三回忌になります。またその年は、私が会長に就任して満三十年目です。昭和六十五年ですから、私は六十二歳になります。…

…そういうようなわけで、昭和五十四年から十一年目の昭和六十五年、西暦一千九百九十年、この年を目標にして、広宣流布の大総仕上げにかかりたい。こう決意しているしだいで

あります。……そうなれば、釈尊の〝舎衛《しゃえ》の三億〟の方程式は、事実上間違いなく、それ以上の結果になることは明らかです」（昭和41年5月3日・学会総会講演）

この講演は、正本堂の誑惑が始まった翌年のものである。この時点で、すでに彼は昭和六十五年に狙いをつけていた。しかし誑惑がエスカレートするにつれ、昭和四十七年の正本堂完成時を以て「広布達成」とすべく予定を変更した。だが妙信講の阻止にあい、昭和四十七年は断念せざるを得なかった。そこで訓諭以後、再び昭和六十五年に狙いを定めたのである。ゆえに昭和五十一年十一月の本部幹部会で、彼はこのように云っている。

「あとは一路、昭和六十五年、一九九〇年、創価学会創立六十周年、戸田先生の三十三回忌、これを目指して、まあー五十周年とかさ、七つの鐘の終わりとか、七百年遠忌とかあるが、そんなものはバーッと通り越して、それ一点に大きい焦点を内証に秘めて、再び創価学会の万年の完璧な礎を、そこに焦点として、築いて進みたい。……私の今の熱烈たる、真剣勝負の焦点はそこにあります」（学会内部資料）と。

昭和六十五年（平成二年）は、大石寺建立七百年の大節、戸田前会長の三十三回忌、池田自身の会長就任三十周年、そして創価学会創立六十周年に当る。偽りの広宣流布達成を宣言するのに、またとない情況のそろった年である。この年を外《はず》したら、池田にとって誑惑完結の機会は永遠に失われる。ゆえに昭和六十五年を指して「私の今の熱烈たる、真剣勝負の焦点はそこにある」というのである。

池田は昨年より、大石寺の客殿前に大広場を造成し、「不開門」の位置を都合のいいように移動させた。そして本年秋、この大広場で「大文化祭」なるものを開いて、それを口実に、世界各国より国家元首クラスを含む〝著名人〟を大石寺に招く計画を立てている。

池田は前々から、三大秘法抄の「大梵天王《だいぼんてんのう》・帝釈《たいしゃく》等も来下《らいげ》して蹋《ふ》み給うべき戒壇なり」の「大梵天王・帝釈等」を「外国の元首・指導者」などと曲会《きょくえ》しているが、いま世界の〝著名人〟はこの偽りの儀式に利用されようとしているのである。

阿部管長はこの「大文化祭」について、次のように述べている。

「九月に総講頭・池田先生の発願によりまして、まだこれは内定でありますが、だいたい判《わか》っておることは、大文化祭をちょうど広くなったこの客殿の前の広場で行うことになっております。これにはずいぶん大勢の外国の人達もみえることになっておりまして、池田先生の構想においては、下種の意味においてはできるだけ世界の著名人も聖域に参加させ、この盛儀を見させたいというようなこともあるようでありまして……」（大日蓮・平成2

年2月号）と。

すべては「総講頭・池田先生の発願」「池田先生の構想」のもとに、事は進められている。

もし、この大文化祭で、偽りの「広布達成宣言」がなされ、「不開門」があけられ、さらに翌十月の開創七百年法要を期して大石寺が「富士山本門寺」と改称されたならば、御本仏一期の御遺命はここに完全に破壊され、三大秘法は蹂躙《じゅうりん》される。

御本仏はこの大謗法を許し給うであろうか――。ここに、国立戒壇のゆえに死罪に等しい解散処分を受けた顕正会は、不思議にも本年四月、その死身弘法ついに二十万に達した。すべては御本仏の御計らいである。

以上が、正本堂をめぐる今日までの経緯の概要である。

第二章　御遺命の正義を示す

日蓮大聖人は、三大秘法を以て日本ないし世界の人々を現当二世に救護《くご》下さる下種の御本仏であられる。

三大秘法とは、本門の本尊と、本門の題目と、本門の戒壇である。このうち、本門の本尊と本門の題目は御在世に成就されたが、本門戒壇の一事のみは御在世には未だ時至らず、よって大聖人はこの実現を、別しては第二祖日興上人に、総じては門下一同に御命令あそばされた。ゆえに本門戒壇の建立を、日蓮大聖人の「御遺命」と申し上げるのである。

さて、この本門戒壇は、何のために建立されるのであろうか。謹んで案ずるに、それは国家・国土の成仏、すなわち仏国実現のためである。

本門戒壇建立以前といえども、御本尊を信じ南無妙法蓮華経と唱え奉る者は個人として成仏させて頂ける。ただし仏国が実現しなければ、謗国《ぼうこく》の失《とが》により国土の三災七難を免れることはできない。この意味で、個人の真の現世安穏は、国家成仏と共にある。

ゆえに如説修行抄には

「天下万民・諸乗一仏乗と成りて妙法独り繁昌せん時、万民一同に南無妙法蓮華経と唱え奉らば、吹く風枝をならさず、雨土くれを砕かず、代は羲農《ぎのう》の世となりて今生には不祥の災難を払い、長生の術を得、人法共に不老不死の理《ことわり》顕れん時を各々御覧《ごらん》ぜよ。現世安穏の証文疑い有るべからざる者なり」

と仰せられ、正法を持つ者の真の現世安穏は仏国実現の時に顕われることをお示し下されている。

またこの仏国が実現すれば、その国土に生まれ来たった一切衆生は、自然と正法に縁して仏種を植《う》えることができる。この広大なる利益こそ、下種御本仏の本願であられる。

ここに大聖人は仏国実現を究極の御願業とされ、時の国主・北条時頼に対し

「汝早く信仰の寸心を改めて速に実乗《じつじょう》の一善に帰せよ。然れば則《すなわ》ち三界は皆仏国なり、仏国其れ衰えんや」と諫暁あそばされたのである。

「実乗の一善」とは、その元意は「本門戒壇の大御本尊」にあられる。ゆえに「実乗の

一善に帰せよ」とは、本門戒壇を建立せよということである。

まさしく本門戒壇の建立とは、「本門戒壇の大御本尊」の力用《りきゆう》により、日本および全世界を仏国と化する秘術なのである。

すなわち、日本国の国家意志の表明により本門戒壇が建立されれば、そのとき日本国の魂は「本門戒壇の大御本尊」となり、「日蓮は日本の人の魂なり」が事相《じそう》となる、御本仏を魂とする国は即仏国ではないか。まさしく戒壇建立により仏国が実現するのである。

ただし、この本門戒壇建立には、国家の三大秘法護持が欠くべからざる条件となる。この条件を満たすには、広宣流布の暁を待たなくてはならない。よって大聖人は「時を待つべきのみ」と仰せられ、これを滅後の門下に託し給うたのである。

以上、本門戒壇建立の目的がわかれば、国家と関係ない戒壇建立などのあり得べからざること、自明の理である。

しかるに創価学会が政府に回答した文書に云く「建立の当事者は信徒であり、宗門の事業として行うのであって、国家権力とは無関係である」と。正本堂が御遺命に背いていることを、自ら一言で示している。

さて、御遺命の本門戒壇は、いつ、どのような手続で、どこに建てられるべきか。これは後代の凡夫が勝手にきめることではない。すでに御本仏が一期弘法付嘱書と三大秘法抄に、その条件を厳重に定め給うておられる。二抄のうち、御付嘱状は日興上人への別付嘱、三大秘法抄は御付嘱状の助証として門下に下されたものである。

一　一期弘法付嘱書を拝し奉る

まず御付嘱状の金文を拝し奉る。

「日蓮一期《いちご》の弘法《ぐほう》、白蓮阿闍梨《びゃくれんあじゃり》日興に之を付嘱す。本門弘通の大導師たるべきなり。国主此の法を立てらるれば、富士山に本門寺の戒壇を建立せらるべきなり。時を待つべきのみ。事《じ》の戒法と謂《い》うは是なり。就中《なかんずく》我が門弟等此の状を守るべきなり。

弘安五年壬午九月　日　　日蓮　在御判

血脈の次第　日蓮　日興」

この文意について五十六世・日応上人は

「『日蓮一期の弘法』とは、この戒壇の大御本尊は宗祖大聖人出世の御本懐なるがゆえに『日蓮一期の弘法』と云うなり。これを白蓮阿闍梨日興に付嘱し、事《じ》の広宣流布の時、富士山に本門戒壇を建立すべし、なかんずく我が門弟たる者、この状を守り、少しも違背すべからず、と制誡し給うなり」（御宝蔵説法本）

と指南されている。まことにこの御付嘱状に背く者は、師敵対の者なのである。

さて戒壇建立の条件と定められた**「国主此の法を立てらるれば」**の御聖文を、日応上人はここに「事《じ》の広宣流布の時」と釈せられている。そしてこの「事の広宣流布」について、同じく御宝蔵説法本に説いて云く

「上《かみ》一人より下《しも》萬民に至るまで、この三大秘法を持《たも》ち奉る時節あり、これを事の広宣流布と云う。その時は天皇陛下より勅宣を賜わり、富士山の麓《ふもと》に天母ヶ原《あもうがはら》と申す曠々《こうこう》たる勝地あり、ここに本門戒壇堂建立あって……」と。

「国主此の法を立てらるれば」の御意まことに明らかである。

「国主」とは、通じていえば時の最高統治者である。ただし別していえば、日本国の真の国主は天皇である。今日の日本国憲法においてもなお天皇は「日本国の象徴であり、日本国民統合の象徴」とされている。国民を統合したものは国家にほかならないから、天皇

は日本の国家の象徴、すなわち国家を代表する地位にある。

そしてもし日本国民一同に三大秘法を受持する時至れば、「日本国民統合の象徴」たる天皇が三大秘法を受持されぬことはあり得ない。かくて天皇陛下が国家・国民を代表して「勅宣」を出される時が、「国主此の法を立てらるれば」の条件が満たされる時なのである。

二　三大秘法抄を拝し奉る

三大秘法抄にはさらに詳細に、戒壇建立の「時」と「手続」と「場所」等が明示されている。まず御聖文を拝する。

「戒壇とは、王法《おうぼう》仏法に冥《みょう》じ仏法王法に合《がっ》して、王臣一同に本門の三大秘密の法を持ちて有徳王《うとくおう》・覚徳比丘《かくとくびく》の其の乃往《むかし》を末法濁悪《じょくあく》の未来に移さん時、勅宣《ちょくせん》並びに御教書《みぎょうしょ》を申し下《くだ》して、霊山浄土《りょうぜんじょうど》に似たらん最勝の地を尋ねて戒壇を建立す可《べ》き者か。時を待つべきのみ。事《じ》の戒法と申すは是れなり。三国並びに一閻浮提《いちえんぶだい》の人《にん》・懺悔滅罪《ざんげめつざい》の戒法のみならず、大梵天王《だいぼんてんのう》・帝釈《たいしゃく》等も来下《らいげ》して蹋《ふ》み給うべき戒壇なり」と。

まず戒壇建立の「時」についての御指南が**「王法仏法に冥じ……末法濁悪の未来に移さ**

ん時」までの御文である。

王法とは、国家、国主、国主の威光勢力、統治主権、国家権力、政治等を意味する。

では**「王法仏法に冥じ、仏法王法に合して」**とはどのような事かと云えば、国家が日蓮大聖人の仏法こそ国家安泰・衆生成仏の唯一の正法であると認識決裁して、これを尊崇守護することである。

およそ国家・国政の目的は国家の安全と国民の福利にある。そして仏法は国家安泰と衆生成仏を得る根本の秘法である。ここに王法と仏法が冥合せねばならぬ所以がある。ゆえにもし国家が正法の力用を認識すれば、仏法を国家根本の指導原理として用いるのは当然である。

ゆえに四十九院申状には

「夫れ仏法は王法の崇尊《そうそん》に依って威を増し、王法は仏法の擁護《おうご》に依って長久す」さらに「一閻浮提《いちえんぶだい》の中の大合戦起らんの時、国主此の法を用いて兵乱に勝つ可きの秘術なり」と仰せられる。

「王臣一同に本門の三大秘密の法を持ちて、有徳王《うとくおう》・覚徳比丘《かくとくびく》の其の乃往《むかし》を末法濁悪の未来に移さん時」とは、王法と仏法が冥合した時の、具体的な国家の姿相をお示し下されたものである。

すなわち、日本国の王たる天皇も、国政の衝にある各大臣も、そして全国民も、一同に「本門戒壇の大御本尊」を信じて南無妙法蓮華経と唱え、この大御本尊を守護するにおいては「有徳王・覚徳比丘」の故事《こじ》にあるような身命も惜しまぬ護法心に立つ時、と仰せられる。

大聖人はかかる状況が末法濁悪の未来日本国に必ず現出することを確言し給い、その時を戒壇建立の「時」と定め給うたのである。

「勅宣《ちょくせん》並びに御教書《みぎょうしょ》を申し下して」とは、戒壇建立にあたっての手続の定めである。

「勅宣」とは、日本国の国主たる天皇の詔勅、「御教書」とは当時幕府の令書、今日においては国会の議決・内閣の議決がそれに当ろう。すなわち「勅宣並びに御教書」とは、まさしく国家意志の表明ということである。

戒壇建立にあたって、なにゆえ大聖人は国家意志の表明を必要手続と定め給うたのであろうか。謹んで案ずるに、戒壇建立の目的は仏国の実現にある。そして仏国の実現は、一個人・一団体あるいは漠然たる民衆の帰依などでは叶わない。国家が公式に三大秘法を護持してこそ初めて実現する。ゆえに戒壇建立にあたっては正法護持の「国家意志の表明」が、欠くべからざる必要手続となるのである。

以上、戒壇建立の「時」と「手続」の定めを拝したが、王仏冥合・王臣受持の時、国家意志の表明を以て立てられる本門戒壇とは、約言すればまさしく「国立戒壇」ではないか。
「**霊山浄土に似たらん最勝の地**」とは、戒壇建立の場所についての定めである。一期弘法付嘱書を合わせ拝すれば、この「最勝の地」が富士山を指していることは言を俟《ま》たない。では広漠《こうばく》たる富士山麓《ろく》の中にはいずれの地かといえば、日興上人は南麓の絶景の地「天生原《あもうがはら》」と特定されている。すなわち大坊棟札《たいぼうむなふだ》に

「国主此の法を立てらるる時は、当国天母原《あもうがはら》に於て、三堂並びに六万坊を造営すべきものなり」と。

この日興上人以来の御相伝により日寛上人は

「事の戒壇とは、即ち富士山天生原《あもうがはら》に戒壇堂を建立するなり」（報恩抄文段）と。

また日応上人は御宝蔵説法本において

「富士山の麓に天母ヶ原《あもうがはら》と申す曠々たる勝地あり、ここに本門戒壇堂建立あって……」

と。御歴代の伝承まことに明らかである。
「**時を待つべきのみ**」とは勧誡《かんかい》である。勧《かん》は、広宣流布は「大地を的とする」ところであるから身命を惜まず弘通せよとの勧奨《かんしょう》。誡《かい》は、広宣流布以前に戒壇を立てることの断じて不可なることを誡め給うのである。

もし広布以前に戒壇を立てれば、仏国の実現も叶わず、一国において邪正肩を並べ謗法《ほうぼう》を容認する結果となるからである。

「事の戒法と申すは是れなり」とは、国立戒壇の建立がそのまま事《じ》の戒法に当るということ。戒とは防非止悪《ぼうひしあく》の意である。すなわち国立戒壇を建立すれば、本門戒壇の大御本尊の妙用《みょうゆう》により、国家そのものが防非止悪の当体となる。そのとき国家権力は内には人民を虐《しいた》げず、外に他国を害せず、内外に慈悲の働きとなる。

またこの仏国に生ずる国民も、一人ひとりが自ずと持戒《じかい》の徳用《とくゆう》を発揮する。世間の道徳や小乗の戒律は他律的であるが、本門の大戒は御本尊を信ずることにより自然と我が身が防非止悪・自利々他の当体となる。このとき、貪《とん》・瞋《じん》・癡《ち》の三毒にまみれ凶悪犯罪で満ちている現今の社会は、その様相を一変するのである。

「三国並びに一閻浮提の人・懺悔滅罪《ざんげめつざい》の戒法のみならず、大梵天王《だいぼんてんのう》・帝釈《たいしゃく》等も来下して蹋《ふ》み給うべき戒壇なり」とは、本門戒壇の広大なる利益を示されている。この戒壇は日本だけの戒壇ではない、中国・印度さらに全世界の人々の懺悔滅罪のための戒壇である。いや人界だけではない、その利益は天界にまで及ぶ。ゆえに「大梵天王・帝釈等も……」と仰せられる。

全人類のための戒壇を、なぜに日本国が建立するのかといえば、守護付嘱のゆえである。日本は三大秘法有縁の妙国であるから、守護付嘱の大任を負っている。ここに全人類の成仏の大法を、全人類のために、日本国が守護申し上げるのである。

まず日本に国立戒壇が建立されれば日本が仏国となる。そしてこの本門戒壇に世界の人々が帰依し詣《もう》でる時、地球上が仏国土と化する。これが御本仏の究極の大願であられる。

以上、一期弘法付嘱書と三大秘法抄の御金言を拝し奉れば、御遺命の戒壇の相貌《そうみょう》は一点のくもりなく、天日のごとく明らかである。

まさしく御遺命の戒壇とは、広宣流布の時、国家意志の表明を以て、富士山天生原に建立される国立戒壇なのである。

三　歴代先師上人の文証

この国立戒壇を歴代先師上人が〝宗門七百年の宿願〟として叫ばれてきた文証を次に掲げる。

五十九世日亨上人

「宗祖・開山出世の大事たる政仏冥合・一天広布・国立戒壇の完成を待たんのみ」（大白蓮華11号）

「唯一の国立戒壇、すなわち大本門寺の本門戒壇の一ヶ所だけが事の戒壇でありて、その事は将来に属する」（富士日興上人詳伝）

「宗祖所弘の三大秘法は難信難解《なんしんなんげ》なり。……何《いか》に況《いわ》んや、天下一同他事《たじ》を捨てて、専《もっぱ》ら此の本尊に向って此の題目を唱うべき本門戒壇の国立は、至難中の至難に属するものをや」（富士大石寺案内）

六十四世日昇上人

「国立戒壇の建立を待ちて六百七十余年、今日に至れり、国立戒壇こそ本宗の宿願なり」（奉安殿慶讃文）

六十五世日淳上人

「蓮祖は国立戒壇を本願とせられ、これを事の戒壇と称せられた」（富士一跡門徒存知事の文に就いて）

「この元朝勤行とても……二祖日興上人が宗祖大聖人の御遺命を奉じて国立戒壇を念願

されての、広宣流布祈願の勤行を伝えたものであります」（大日蓮34年1月号）

また六十六世細井日達上人も正本堂の誑惑以前は、歴代先師と同じく「国立戒壇」を主張しておられた。すなわち

「真の世界平和は国立戒壇の建設にありと確信して、本年も益々折伏行に徹底邁進せられんことを願うものであります」（大日蓮35年1月号）

「富士山に国立戒壇を建設せんとするのが、日蓮正宗の使命である」（大白蓮華35年1月号）

「事の戒壇とは、富士山に戒壇の本尊を安置する本門寺の戒壇を建立することでございます。勿論《もちろん》この戒壇は広宣流布の時の国立の戒壇であります」（大日蓮36年5月号）と。

四　創価学会も曽ては国立戒壇を主張

創価学会も日蓮正宗の信徒団体であるから、正本堂の誑惑以前は正《ただ》しく「国立戒壇」を目的としていた。

戸田第二代会長は

「化儀の広宣流布とは国立戒壇の建立である」（大白蓮華31年3月号）

「我等が政治に関心を持つ所以は、三大秘法の南無妙法蓮華経の広宣流布にある。すなわち、国立戒壇の建立だけが目的なのである」（大白蓮華31年8月号）
「『戒壇を建立すべきものか』とは、未来の日蓮門下に対して、国立戒壇の建立を命ぜられたものであろう」（大白蓮華31年11月号）等と。

また池田大作も曽っては「国立戒壇」を叫んでいた。
「『時を待つべきのみ、事の戒法と云うは是なり』の御予言こそ残された唯一つの大偉業であり、事の戒壇の建立につきる。これを化儀の広宣流布と称し、国立戒壇の建立というのである」（大白蓮華31年1月号）
「国立戒壇の建立こそ、悠遠六百七十有余年来の日蓮正宗の宿願であり、また創価学会の唯一の大目的なのであります」（大白蓮華31年4月号）
「三祖日目上人様の、老齢の御身をいとわず国家諫暁あそばされた粛然襟を正す御最期をしのび、広宣流布に向って、国立戒壇建立に向って、身命を惜しまず前進を続けなくてはならぬ」（大白蓮華34年4月号）
「国立戒壇の建立だけが目的なのです。化儀の広宣流布が創価学会の目的なのである、という（戸田）会長先生の御言葉なのです。創価学会の目的は他にないのです。……この会長先生のおおせになったことは、会長先生の我見ではなくて、日蓮大聖人の至上命令である。御金言なのである。勝手に創価学会が想像してつくった国立戒壇論でも戒壇建立論でもない。日蓮大聖人様の御命令である」（大白蓮華33年9月号）

「大聖人様の至上命令である国立戒壇建立のためには、関所ともいうべき、どうしても通らなければならないのが、創価学会の選挙なのでございます」（大白蓮華34年6月号）と。

しかるに彼は、選挙に不利と見るや、この大事の「国立戒壇」を弊履《へいり》のごとく抛《なげう》ったのであった。

第三章　正本堂の誑惑を破す

正本堂の誑惑《おうわく》を破折するに当って、まず池田大作がこの誑惑をたくらんだ目的を明らかにする必要がある。いったい彼はなぜ正本堂を、三大秘法抄等に御遺命の戒壇と偽ったのであろうか。その狙いは次の三つである。

一には、国立戒壇を否定するため

二には、宗門七百年の悲願を達成したのは自分であると誇るため

三には、正本堂を口実に資金を集めるため

一は主目的であり、二・三は副次目的、彼は一石三鳥を狙ったのである。

二から説明すれば、彼は宗内僧俗一同が誑惑になびくと見るや、正本堂建立を次のように自讃し始めた。

「七百年来の宿願であり、久遠元初以来の壮挙である」（立正安国論講義）

「宗門究竟《くきょう》の誓願之《これ》に過ぐるはなく、将又《はたまた》、仏教三千余年 史上空前の偉業なり」（発誓願文）と。

自らなした大誑惑を自讃するとは恐れいった無慚《むざん》ぶりであるが、彼はこの名聞を求めていたのである。

三についていえば、正本堂の募財に当って池田は細井管長に「資力の限りを尽し……蔵の宝に執着することなく大本尊に供養せよ」との訓諭（昭和40・9・12）を発布させている。これを承《う》けた全学会員は、正本堂を御遺命の戒壇と思えばこそ、文字通り「資力の限りを尽くし」て、血の滲むような供養をした。当時、全国の質屋《しちや》の前には学会員が列をなし、世間の話題にもなった。しかしこの供養の全額は、細井管長から直ちに池田のもとに戻されている。

「いま私はこの供養をちょうだいいたしました。そしてこの全額を、私の信頼をもって、正本堂建立、ならびに広宣流布達成のための事業、設備等に使用していただくために、池田委員長に委任したいと思います」（細井管長挨拶・学会本部幹部会・聖教40・10・18）と。かくて池田は正本堂を口実に、莫大の資金を手にしたのであった。

さて、一の「国立戒壇の否定」こそ正本堂建設の主目的である。

池田は昭和三十七年ごろまでは「学会の政治進出は国立戒壇建立のため」と繰り返し云ってきた。しかし、政治進出が本格化するにつれて村上重良、笠原一男等を始めとする評論家から「国立戒壇は政教分離を規定した憲法に違反する」等の批判が相次ぐと、池田はこの批判をたいへん恐れた。

もし彼が大聖人の真の弟子ならば、御遺命を実現するのに世間の怨嫉は当然のこととして悦ぶべきなのに、政治野心だけが目的の彼は、選挙に不利であるとして、国立戒壇を放棄したのであった。

学会の出版物からは、昭和三十七年ころより「国立戒壇」の文字が消えた。しかし、口で否定しただけでは世間は信じてくれない。そこで池田は昭和三十九年五月三日の学会総会で、衆院進出を公表すると同時に正本堂の建立を発表し、国立戒壇を正本堂にすり替えようとした。だが、いきなり正本堂を御遺命の本門戒壇と云えば、学会員に疑問を生じさせる。そこで当日は一往、正本堂と本門戒壇とを区別して「あとは本門戒壇堂の建立だけを待つばかり」と云っておき、九ヶ月のちの細井管長の説法を以て、正本堂を「本門戒壇」と決定する肚づもりだった。

池田は「すべて猊下《げいか》が決定された」などと云っているが、池田が細井管長の最初の説法以前からすでに正本堂を本門戒壇と云っていたことは、三十九年五月の学会総会のすぐあとに、竜年光（教学部教授）が池田の言葉として「今度の正本堂は、いよいよ本門の戒壇となる」（聖教39・5・26）と公表しているのを見ても、明らかである。

そして池田は、細井管長の説法を待って、いよいよ声を大にして叫んだ。

「正本堂の建立は、事実上の本門戒壇の建立を意味いたします。このことは日達上人のご説法によっても、明らかであります。戸田先生もわれわれも、いちじ『国立戒壇』といってきました。しかし、どこを捜しても、御書には『国立戒壇建立』ということばはないのです。大聖人様はちゃんと未来を考えていらっしゃったのです。いまの評論家どもは『創価学会は国立戒壇を目標にしているからけしからん』といいますが、私はなにをいうかといいたい。そんなことは御書にはありません。彼らはなにもその本義を知らないのです。猊下が、正本堂が本門戒壇の戒壇堂であると断定されたのであります。

ですから、皆さん方は『創価学会は国立戒壇建立が目標である』といわれたら、いいきっていきなさい。とんでもない、こんどの私どもの真心で御供養した浄財によって、正本堂が建立する。それが本門の戒壇堂である。これでもう決定されているのですと。私ども創価学会員ならびに日蓮正宗信徒の真心の結集によって、本門の戒壇堂は、もうできてしまうのです。……国家予算によって、国立戒壇が建立されるということはありえないのです」（聖教40・9・22）と。

　正本堂が国立戒壇を否定するために建てられたものであること、この講演に歴然である。まさに池田大作は政治野心のために、御本仏の一期の御遺命を破壊したのであった。

　そしてこの大悪事に、宗門側として協力したのが、細井日達管長と阿部信雄教学部長であった。正本堂を御遺命の戒壇と偽るには、広宣流布の定義を変えなければならない、さらに一期弘法付嘱書・三大秘法抄の文意を歪曲《わいきょく》しなければならない。池田はこれを細井管長の権威と、阿部教学部長の邪智に託したのであった。

　ことに阿部教学部長がものした「国立戒壇論の誤りについて」（以下「悪書Ⅰ」という）と「本門事《じ》の戒壇の本義」（以下「悪書Ⅱ」という）の二書は、顕正会の諫暁に反論せんと、国立戒壇を否定して正本堂を正当化し、ほしいままに三大秘法抄の御聖文を曲会した前代未聞の悪書である。

　山崎正友の暴露するところによれば、この悪書は、原島嵩・山崎正友および学会の弁護士・検事グループの協力と示唆《しさ》に従って、阿部教学部長が書いたとしている（「盗聴教団」）。

その昔、中国の天台僧・一行阿闍梨《いちぎょうあじゃり》は、真言師・善無畏三蔵《ぜんむいさんぞう》の「汝かきなんや」の教唆《きょうさ》に従い「やすう候」（撰時抄）と言って法華経を貶《おと》す誑惑の書をものしたといわれるが、いまその趣きはまことに酷似《こくじ》している。

阿部教学部長がものした悪書におけるキーワードは何かといえば、「憲法」である。すなわち現憲法を金科玉条として、憲法に合わせて三大秘法抄等の御金言を曲会《きょくえ》したものが、この悪書である。学会の弁護士・検事グループの協力を必要としたゆえんもここにある。

さて、正本堂を正当化するための学会・宗門のさまざまなたばかりを見るに、池田大作のそれは幼稚、細井管長は粗雑、そして阿部教学部長は最も巧妙である。しかしいかに巧妙であろうとも、鬼弁婆羅門《きべんばらもん》のとばりが馬鳴菩薩《めみょうぼさつ》にせめられて破れたごとく、誑惑がいつまでも続くはずはない。

以下、これらの誑惑の大要を挙げ、その根をここに切断する。

一　広宣流布を偽る

広宣流布以前に立てた正本堂を〝御遺命の戒壇〟というためには、広宣流布の定義を変えなくてはならぬ。そこでさまざまなたばかりが行われた。

「舎衛の三億」

〝日本人口の三分の一が入信すれば広宣流布〟というこの論法は、池田が云い出し、細井管長が追認したものである。

「舎衛《しゃえ》の三億」の典拠《てんきょ》は、竜樹菩薩の大智度論に

「舎衛の中に九億の家あり、三億の家は眼に仏を見、三億の家は耳に仏ありと聞くもしかも眼に見ず、三億の家は聞かず見ずと。仏、舎衛に在《いま》すこと二十五年、しかも此の衆生は聞かず見ず、何《いか》に況《いわ》んや遠き者をや」とある。

つまり、釈尊が出生し二十五年も居住した舎衛国においてすら、実際に釈迦仏を眼で見た者は全体の三分の一、さらに三分の一は仏のいることを聞いたが見たことはなく、残りの三分の一の「三億」に至っては、見たことも聞いたこともなかったという。これが「舎衛の三億」ということである。

この故事は「見仏《けんぶつ》・聞法《もんぼう》の難《がた》き」すなわち仏に値《あ》い法を聞くことがいかにむずかしいかということの譬えに過ぎない。したがって日蓮大聖人の仏法の広宣流布とは、何ら関係のな

い事柄である。

しかしこれが池田の手にかかると次のようになる。

「学会員が日本の総人口の三分の一となり、さらに、信仰はしないが公明党の支持である人たちがつぎの三分の一となり、あとの三分の一は反対であったとしても、事実上の広宣流布なのであります。……またこの『舎衛の三億』は、仏法が信教の自由を認めている厳然たる証拠でありますす」（大白蓮華40年9月号）と。

結局、三分の二は不信であってもよいというデタラメ広宣流布である。しかもこの不信を許容することが「信教の自由を認めている証拠」というに至っては、語るに落ちている。

「広宣流布は終着点のない流れ自体」

「舎衛の三億」が顕正会の破折によって通用しなくなったとみるや、池田は次のようなことを云い出した。

「広宣流布とは決してゴールインを意味するものではない。なにか終着点のように考えるのは、仏法の根本義からしても、正しくないと思う。……広宣流布は、流れの到達点ではなく、流れ自体である」（大白蓮華45年6月号）と。

広宣流布がもし「流れ自体」ならば、いつでも広宣流布と言い得るではないか。池田のこの論法は、広布の達成すなわち「終着点」を曖昧《あいまい》にするために云い出したものである。広宣流布には厳然と終着点がある。すなわち「日本一同に南無妙法蓮華経と唱へ」て「勅宣並びに御教書」が申し下されるその一時点こそ、終着点であり、戒壇建立の時なのである。これをごまかそうとするから「終着点のない流れ自体」などといい、また

「一往は正本堂建立が広宣流布の完成といえましょう。しかし再往はこれが終着点なのでなく、新しい広宣流布、すなわち真実の世界の広宣流布の開幕を意味する」（同前）

などと、わけのわからないことになるのである。

「法体の広宣流布が果実を結ぶ」

池田の次の手口は、「法体《ほったい》の広宣流布」のごまかしであった。彼は学会員の増加が正本堂建立に至ったことを誇って

「これこそ日蓮大聖人以来の法体の広宣流布が果実を結んだというべきであり、即、世

界への化儀の広宣流布の始まりでもある」（大白蓮華45年6月号）と云った。

「法体の広宣流布」とは、大聖人が本門戒壇の大御本尊を建立あそばされたことを意味する。ならば弘安二年十月十二日に、すでにその果実は結ばれているではないか。どうして正本堂の建立が「法体の広宣流布の果実」となるのか。

また広宣流布を法体《ほったい》と化儀《けぎ》に分けるならば、戒壇建立は化儀の広宣流布の時である。しかるに池田は、日本における「化儀の広宣流布」が達成されたのか、されてないのか、このことにはわざと触れず、正本堂建立が「世界への化儀の広宣流布の始まり」といってごまかしている。

「因に約すれば広宣流布」

細井管長は「今日は因の姿においてすでに広宣流布である」（臨時時局懇談会・45・4・22）と云った。

もし広宣流布を因と果に約して論ずるならば、「日蓮一人はじめは南無妙法蓮華経と唱へしが、二人・三人・百人と次第に唱へつたふるなり、未来も又しかるべし」（諸法実相抄）であるから、大聖人御一人の御唱え出《いだ》しこそ因、日本一同に唱え奉る時が果ではないか。そして、戒壇建立は「果」の時なのである。

「いつが広宣流布かは法主上人がきめる」

阿部教学部長はいう。

「いつが現実的な『(広宣流布の)暁』であるか、さらに広布の時機とその建物建立の前後等の決定は、一に法主上人の御判断によるべき処である」(悪書I再刊後記)

「戒壇建立の時期についての具体的現実的判断は、これこそ大聖人以来唯授一人《ゆいじゅいちにん》の血脈《けちみゃく》を持たせたもう法主上人の内鑑《ないかん》の御境地による」(同前)

「現在は仏法上いかなる時であるかを決し、宗門緇素《しそ》にこれを指南し給う方は、現法主上人にあらせられる」(悪書I)

「最も大切なことは、遣使還告《けんしげんごう》の血脈の次第から、現御法主を大聖人と仰ぐべきであり、現在においては御法主、日達上人猊下の御意向を仰ぐのが正しい」(悪書I)と。

誑惑を正当化するのに「法主」の権威を利用するのが池田そして阿部教学部長の常套手

段である。

このようなたばかりが、広布前夜の正系門家に起ることを慮《おもんぱか》られ、二祖日興上人は「時の貫首《かんず》たりと雖《いえど》も仏法に相違して己義《こぎ》を構えば、之《これ》を用うべからざること」と御遺誡あそばされたのである。

だいたい、今が広宣流布かどうか、戒壇建立の時であるかないかは、御金言を本《もと》にすれば三歳の童子にもわかることではないか。ごまかそうとするから「法主上人の内鑑の御境地による」などと、もったいぶらなければならないのだ。

御金言を拝せよ。大聖人は広宣流布の姿を「剰《あまつさ》へ広宣流布の時は、日本一同に南無妙法蓮華経と唱へん事は、大地を的とするなるべし」（諸法実相抄）と示され、さらに戒壇建立の時を御付嘱状には「国主此の法を立てらるれば」と定め給い、三大秘法抄には「王仏冥合・王臣受持」の時と定め給うておられる。今日まだこの状態に至ってないことは、誰人の目にも明らかではないか。

白を黒といい、天を地といい、東を西というのを誑惑という。御本仏が「大地を的とする」と断言し給うた広宣流布を信ぜず、己義を構えて広宣流布を偽るものは、逆路伽耶陀《ぎゃくろかやだ》の一類といわねばならぬ。

二　一期弘法付嘱書における「国主」の曲会

国立戒壇を否定するには、一期弘法付嘱書の「国主」の意義を歪曲《わいきょく》しなければならぬ。そこで細井管長は、この「国主」について、世間儀典的と出世間内感的の二方面から考えられるとして、次のように云っている。

「世間儀典的に考えますと、……我が宗では真実をいうと、古来から広宣流布の時の国王は転輪聖王《てんりんじょうおう》である。しかも転輪聖王の内の最高の金輪聖王《こんりんじょうおう》である。こう相伝しておるのでございます。皆様、それを忘れておるかも知れませんが、既に昔からそういうことを相伝しておる。しかし明治以後、それを忘却しておる人が多くなったのでございます。……だから、実際に広宣流布した暁の、国主が天皇だとか、或いは、我々の人民の支配者だと、即座に決定するということは難しい。もっと大きな大理想のもとの転輪聖王を求めておる。

で、教行証御書の終りの方に

『已《すで》に地涌《じゆ》の大菩薩上行出でさせ給いぬ、結要《けっちょう》の大法亦弘まらせ給うべし。日本・漢土・萬国の一切衆生は金輪《こんりん》聖王《じょうおう》の出現の先兆の優曇華《うどんげ》に値えるなるべし』

こう説かれております。大聖人様が出現していよいよ広宣流布になる時には、この金輪王《こんりんおう》が出現するんだ。その為に、大聖人様がこうこうしておられるのは、金輪聖王の出現のためのお祝いの優曇華《うどんげ》の華《はな》に値えるが如くであるということをおっしゃっております。だからこれを見ても、大聖人様の考えは、広布の時には金輪聖王が出現するのである。そして戒壇を建立する」（大日蓮47年5月号）と。

細井管長は、天皇が「国主」であることを否定するためにこれを云い出したのである。だが、もし〝広宣流布の時には大威徳の国王たる金輪聖王が出現して戒壇を建立する〟というのなら、なぜその出現を待って戒壇を建立しないのか。あわてて正本堂などを立てる必要などさらさらないではないか。これ矛盾の第一である。

また、広布の時に金輪聖王が出現することの文証として教行証御書を引いているが、これまた文意の歪曲《わいきょく》である。「金輪聖王の出現の先兆の優曇華《うどんげ》に値えるなるべし」の御文は、仏の出現には値い難いことを表わす譬喩《ひゆ》にすぎない。優曇華は、金輪王出現の瑞兆《ずいちょう》として三千年に一度海中に開くといわれる伝説上の華であるが、経文にはこの優曇華の譬喩が随所に説かれている。法華経方便品にも

「諸仏、世に興出《こうしゅつ》すること懸遠《けんのん》にして値遇《ちぐう》すること難《がた》し、たとい世に出ずるとも、この法を説くことまた難し、無量無数劫《むしゅこう》にこの法を聞くことまた難し、能《よ》くこの法を聴く者、この人またまた難し。たとえば優曇華は一切皆愛楽《あいぎょう》し天人の希有《けう》にする所にして、時時《とき》に乃《いま》し一《ひと》たび出ずるがごとし」と。

いま大聖人は教行証御書において、上行菩薩出現して三大秘法を弘めるという久遠元初以来の重大事を「一閻浮提《いちえんぶだい》の一切衆生は値いがたき優曇華に値うの思いを懐《いだ》くべし」と御教示下されたのであって、「広布の時には金輪聖王が出現する」などと仰せになっているのでは全くない。曲会もほどほどにしなければいけない。

さらに細井管長は云う。

「出世間内感的に考えていくと……その金輪聖王は結局誰かといえば、御義口伝《おんぎくでん》に『本地身《ほんちしん》の仏とは此の文を習うなり。祖《そ》とは法界の異名なり、此れは方便品の相・性・体の三如是《さんにょぜ》を祖と云うなり、此の三如是より外に転輪聖王之れ無きなり、転輪《てんりん》とは生住異《しょうじゅうい》滅《めつ》なり、聖王《じょうおう》とは心法なり、此の三如是は三世の諸仏の父母なり。今日蓮等の類い南無妙法蓮華経と唱え奉る者は三世諸仏の父母にして、其祖転輪聖王《ごそてんりんじょうおう》なり』と、こう仰せになっております。即ち結局は金・銀・銅・鉄の輪王は、我等大聖人の弟子檀那の南無妙法蓮華経を唱え奉る者の当体である、というべきであります。故に出世間内感的における戒壇建立の相を論ずるならば、三秘抄の王法仏法等のお言葉は、大聖人の弟子檀那の南無妙法蓮華経の信心を離れては存在しないのであります。我等、弟子檀那の末法に南無妙法蓮華経と修行する行者の己心にある有徳王《うとくおう》・覚徳比丘《かくとくびく》のその昔の王仏冥合の姿をそのまま末法濁悪の未来に移さん時、と申されたと拝すべきであります」と。

ごまかそうとしているから、まことにわかりにくい。まず細井管長は〝広宣流布の時に出現する金輪聖王とは我ら弟子檀那である〟とこじつけようとして御義口伝を引いているが、またまたこれ不便《ふびん》の引証、文意の歪曲である。この御文の意を日霑《にちでん》上人釈されて云く

「この文、眼を留めて拝すべし。転輪聖王の一切衆生の本祖たるごとく、宗祖大聖人もまたこれ三世の諸仏の本祖たること、文に在《あ》って顕然なり」と。

まさに御義口伝のこの文は、大聖人が三世諸仏の主師親にてましますことを御指南下されたもので、「転輪聖王」とは、そのことを理解せしむる譬喩にすぎないのである。

さて、意味不明の細井管長の〝説法〟を、阿部教学部長は次のごとく会通《えつう》している。

「信心内感的（即ち出世間法の信感）からいえば、正法を受持する民衆との意と承る」（悪書I）と。

細井管長もまた後日、次のように云っている。

「現今は、我が国の憲法において、主権在民と定められている以上、本門の戒壇が民衆の力によって建立されておっても、少しも不思議はないのであります。あえて天皇の意志による国立が無ければならないという理由はないのであります。一期弘法抄の『国主此の法を立てらるれば』とは、現今においては、多くの民衆が、この大聖人の仏法を信受し、信行することであり、そして本門寺の戒壇を建立することを御命じになったと解釈して差し支えないと思うのであります」（大日蓮49年11月号）と。

さらに阿部教学部長も云う。

「一期弘法抄の『国主』とは、日達上人の御指南の如く、現在は主権在民の上から民衆と見るべきである」（日蓮正宗要義）と。

要するに細井管長も阿部教学部長も〝国主とは民衆である〟といっているのである。

では、大聖人は「国主」をどのように御覧あそばされているのであろうか。御書を拝すれば二意がある。

一には、日本国本来の「国主」として、天皇を特定し給うておられる。

ゆえに神国王御書《しんこくおうごしょ》には

「日本国を亦水穂《またみずほ》の国と云い、亦野馬台《やまと》、又秋津島《あきつしま》、又扶桑《ふそう》等云々。六十六ヶ国・二つの島、已上六十八ヶ国、東西三千余里、南北は不定なり。……国主をたづぬれば神世《かみよ》十二代は天神《てんじん》七代・地神《ちじん》五代なり」

と仰せられ、以下歴代の天皇を挙げておられる。また本尊問答抄には、後鳥羽《ごとば》天皇が北条義時を討たんとしたことを

「国主として民を討たん事、鷹の鳥をとらんがごとし」とも仰せられている。

二には、時の国家権力掌握者を指して「国主」とされている。

ゆえに下山抄には北条氏を指して

「相州《そうしゅう》は謗法《ほうぼう》の人ならぬ上、文武きはめ尽せし人なれば、天許《ゆる》し国主となす」

とあり、また国府尼御前御書に

「国主より御勘気二度、一度は伊豆の国、今度は佐渡の嶋なり」等とあるのがそれである。

以上二意の「国主」について、大聖人はどのように対応あそばされたかを拝することが、日本国の「国主」を理解する上で極めて重要である。

大聖人御在世においては、承久《じょうきゅう》の乱の結果、天皇の威光勢力《いこうせいりき》は失《う》せ、皇室は名存実亡、衰微の極に在った。このとき国家権力を掌握していたのは北条一門であった。ここに大聖人は立正安国論を始め三度の諫暁を、この北条一門に対しあそばされている。これ、北条氏を実質上の〝国主〟とみなし給うたゆえである。

しかし三度の諫暁以後は

「未だ天聴《てんちょう》を驚かさず歟《か》、事三ヶ度に及ぶ、今諫暁を止むべし」（未驚天聴御書）

と仰せられ、鎌倉幕府への諫暁を止め、名のみあって実権のない皇室に聖意を向け給うておられる。

すなわち弘安三年三月には未来広布の暁に天皇が受持すべき「紫宸殿《ししんでん》の御本尊」を顕わされ、翌四年十二月には後宇多《ごうだ》天皇に申状を認《したた》めて日目上人に代奏せしめ、さらに翌五年二月には日目上人に重ねて天意を奉伺《ほうし》せしめ「朕《ちん》、他日法華を持たば必ず富士山麓に求めん」との下文《くだしぶみ》を得給うておられる。そして同年四月の三大秘法抄には「勅宣並びに御教書」、また同九月の御付嘱状には「国主此の法を立てらるれば……」と仰せられているのである。

これらの御振舞いを拝すれば、大聖人は皇室の威光勢力の有無にかかわらず、日本国の真の「国主」は天皇であると御覧あそばしておられたと拝推することができる。

皇室が日本本来の王法・国主であることは、日本国の仏法上の特質に由来する。日寛上人は

「日本国は本因妙の教主日蓮大聖の本国にして、本門の三大秘法広宣流布の根本の妙国なり」（依義判文抄）

と指南されている。かかる三大秘法有縁の妙国ならば、この仏法を守護し奉る本有《ほんぬ》の王法が存在しないはずがない。これが日本の皇室なのである。

されば「久遠下種の南無妙法蓮華経の守護神」（産湯相承事）たる天照太神は皇祖としてこの王法の基礎を堅め、その勅《ちょく》に云く「葦原《あしはら》の千五百秋《ちいほあき》の瑞穂《みずほ》の国は、是《こ》れ吾《あ》か子孫《うみのこ》の王《きみ》たるべきの地《くに》なり。宜《よろ》しく爾《いまし》就《ゆ》いて治《し》らせ。行矣《さきくませ》。宝祚《あまつひつぎ》の隆《さか》えまさんこと、当《まさ》に天壌《あめつち》と窮《きわま》り無《な》かるべし」（日興上人・三時弘教次第）と。また同じく仏法守護の善神たる八幡大菩薩は第十六代應神天皇であり、百王守護の誓いをなしている。日本の皇室の世界にも類を見ない永続は、実にこの仏法上の大因縁と使命によるのである。

大聖人の御聖意は、二祖日興上人の御事蹟を拝すれば、さらによく窺《うかが》い得る。

すなわち日興上人の「三時弘教次第」には、「今末法に入って法華本門を立てて国土を治むべき次第」として、桓武《かんむ》天皇と伝教大師を迹化付嘱の師檀と例に挙げ、本化付嘱の師檀

を「日蓮大聖人」と「当御代」（時の天皇）と仰せられたのち、前掲の天照太神の「勅」を記されている。

　また「富士一跡門徒存知事」には、広宣流布の暁の皇城の所在について

「右、王城においては、殊《こと》に勝地を撰ぶべきなり。就中《なかんずく》、仏法と王法とは本源体一《ほんげんたいいつ》なり、居処《こしょ》随って相《あ》い離るべからざるか。仍《よ》って南都の七大寺、北京《ほっきょう》の比叡山《ひえいざん》、先蹤《せんしょう》これ同じ、後代改まらず。然れば駿河国の富士山は広博の地なり、一には扶桑国《ふそうこく》なり、二には四神相応《しじんそうおう》の勝地なり。尤《もっと》も本門寺と王城と一所《いっしょ》なるべき由、且《か》つは往古の佳例《かれい》なり、且つは日蓮大聖人の本願の所なり」と。

　「仏法と王法とは本源体一」とは、皇祖《こうそ》たる天照太神・八幡大菩薩等の本地は釈迦仏であり、下種の三大秘法守護のため日本に垂迹して善神と顕われたことをいう。その大使命を受け継いでいるのが日本の皇室である。このゆえに〝広宣流布の暁には本門寺と王城（皇居）は一所《いっしょ》でなければならない、そしてこの事こそ「日蓮大聖人の本願の所」である〟と日興上人は仰せられているのである。王仏冥合の事相《じそう》、ここに豁然《かつぜん》と拝する思いがする。

　さらに日興上人は、広宣流布の時出現の国主を、同じく富士一跡門徒存知事に「本化国主」と仰せられている。この「本化国主」が、本門寺と一所の王城に居《こ》する〝天皇〟を意

味すること、一点の争う余地もないではないか。

しかし、このように仏法守護の大使命を有する日本の皇室ではあるが、もしこの使命を自覚せず、仏法の正邪に迷って邪法を行ずれば、たちまちに威光勢力を失う、大聖人御在世の皇室がそれであった。また正法の滅するを見て捨てて擁護しなければ、たちまち王位は傾く、敗戦以後の今日の皇室の姿がそれに当ろう。

ただし、敗戦という未曾有の大変革を経ても、なお天皇制は廃絶されず、天皇がその権能は限定されているとはいえなお〝君主〟たる地位を保有されていること、まさに将来皇室が果すべき仏法上の使命のゆえと、その不思議を歎ぜざるを得ない。

国民主権主義を定めた現憲法における天皇の地位について、憲法学の権威といわれた一公法学者は云う

「わが日本国憲法における天皇も、英文には Emperor と称しており、その地位は世襲であって、国法上及び国際法上に君主としての栄誉権を保有したもうのみならず、国家統治の権能についても極めて限定せられたものとは云いながら、なお国会の召集や衆議院の解散のごとき国会の上に立ってこれを命令する権能が与えられており、且つ御一身をもって国家の尊厳を代表したもうのであるから、なお憲法上に君主の地位を保有したもうものと

見るべく、日本国憲法が国民主権主義を国家組織の基礎となしているにかかわらず、国の政体としてはなお君主制を支持し、共和制を取っているものではないと解せねばならない」（美濃部達吉・憲法概論）と。

時流にへつらわぬこの一見識、深く味識すべきである。

さて、細井管長と阿部教学部長は学会におもねて「国主とは、現在は主権在民の上から民衆である」と云ったが、報恩抄には

「国主は但《ただ》一人なり、二人となれば国土おだやかならず、家に二の主あれば其の家必ずやぶる」

とある。民衆が国主たり得る道理がないではないか。日本国には憲法上からも国家を代表する一人の君主すなわち天皇が存在し、また中央政府もある。この存在を無視して、漠然たる〝民衆〟を国主というのは、為にする詭弁といわねばならぬ。主権在民すなわち国民主権主義とは、国家意志を構成する最高の源泉が国民に発することをいうのであるが、国家・国民を代表して国家意志を表明するのは、天皇および国家機関にあることは論を俟《ま》たない。

ここに戒壇建立の必要条件たる「勅宣並びに御教書」（国家意志の表明）が発せられるプロセスを、政体の変化の上から考察すれば、専制政においては、国主の帰依がそのまま国家意志の表明につながる。しかし民主政においては、国民の総意が国家意志を決定し、その国家意志が天皇および国家機関から表明されるという手順となるのであろう。

しかし上から下、下から上という差異はあっても、国家がある以上、政体のいかんを問わず国家意志の表明はなされる。ゆえに今日において、もし国民一同に南無妙法蓮華経と唱え奉る広宣流布が実現すれば、国民の信託に由って成る国会の議決がなされぬはずはなく、また「国民統合の象徴」たる天皇が国家・国民を代表して正法護持の国家意志を表明しないこともあり得ない。ゆえに広宣流布が実現さえすれば、今日の政体においてすら、御聖意に叶う「勅宣並びに御教書」は発せられる。まして広布の暁には、仏法に準じて憲法も改正され、国体も在るべき姿に変わるから、少しも心配は要《い》らない。

ところがいま、細井管長・阿部教学部長は主権在民をふりかざしながら〝国民の総意〟ということを敢えていわず、国民の一部に過ぎぬ「民衆」を指して「国主」という。ここにごまかしがある。

すなわち云うところの「民衆」とは、学会員を指しているのである。曽て池田は、しきりに云っていた。「学会こそ民衆であり、その民衆の指導者こそ現代の王である」と。ここから「私は日本の国主であり、大統領であり、……最高権力者である」(「人間革命をめざす池田大作その思想と生き方」)という結論が導かれる。

細井管長・阿部教学部長の〝民衆国主論〟は、池田のこの慢心・誑惑に奉仕するたばかり以外の何ものでもない。

三　三大秘法抄の曲会

次に、国立戒壇を否定するため、阿部教学部長がどのように三大秘法抄を曲会《きょくえ》したかを見る。

「王法仏法に冥じ、仏法王法に合して」について

阿部教学部長はまず「王法」の語義を歪曲《わいきょく》して

「そもそも王法という言葉が当時いかなる概念をあらわすものとして用いられたか。一つには公の儀礼(有職故実がその作法として知られる)を指す言葉として用いられたとす

る歴史学者の考証がある」（悪書Ⅰ）

などと、根拠のない見解を挙げたのち、御書に用いられた「王法」の意を「政治をふくむあらゆる社会生活の原理」

と解釈している。「政治」は許されるが、それを含む「あらゆる社会生活の原理」とはいったい何か。これでは曖昧模糊《あいまいもこ》としてつかまえどころがなくなる。これまでにも見たように、ごまかしの論法というものは、すべて同じパターンである。

「王法」の意は、第二章で述べたように「国家、国主、国主の威光勢力《いこうせいりき》、統治主権、国家権力、政治」等である。これら国家およびその統治に関わる諸概念以外に「王法」の意は全くない。阿部教学部長が「王法」の意をあえて歪曲《わいきょく》するのは、国立戒壇否定の底意があるからである。

では、御書における「王法」が、果して阿部教学部長のいう「あらゆる社会生活の原理」を意味するか、あるいは前述の「国家・国主」等を意味するかは、御書における用例を拝する以外にない。ことは重大であるから、繁《はん》をいとわず御書中の全用例を拝することにする。

「但《ただ》殺父《しいふ》・殺母《しいも》の罪のみありぬべし、しかれども王法のいましめきびしくあるゆへに、

この罪をかしがたし」（顕謗法抄）
「叡山《えいざん》三千人は此の旨を辨《わきま》えずして王法にもすてられ」（法門申さるべき様の事）
「国民《くにたみ》たりし清盛入道、王法をかたぶけたてまつり」（同前）
「二人は王位を傾け奉り、国中を手に拳《にぎ》る、王法既に尽きぬ」（秋元御書）
「難なくして、王法の御帰依いみじくて法をひろめたる人も候」（転重軽受法門）
「当世の学者等は畜生の如し、智者の弱きをあなづり、王法の邪をおそる」（佐渡御書）
「仏陀《ぶつだ》すでに仏法を王法に付し給う」（四条金吾殿御返事）
「たとひ深義を得たる論師・人師なりといふとも王法には勝ちがたきゆへ」（同前）
「家をいで、王法の宣旨をもそむいて山林にいたる」（開目抄）
「王法の栄へは山の悦び」（祈禱抄）
「漢土に於て高宗《こうそう》皇帝の時、北狄東京《ほくてきとうきん》を領して今に一百五十余年、仏法・王法共に尽き了《おわ》んぬ」（顕仏未来記）
「叡山に悪義出来《しゅったい》して、終《つい》に王法尽きぬ」（曽谷入道殿御書）
「仏法の御力と申し、王法の威力と申し、彼は国主なり、三界の諸王守護し給う」（神国王御書）

「王法の力に大法を行い合せて」（同前）

「王法の曲るは小波小風のごとし、大国と大人をば失いがたし、仏法の失《とが》あるは大風大波の小船をやぶるがごとし、国のやぶるること疑いなし」（同前）

「いかなる人々も義朝《よしとも》・為朝《ためとも》なんど申すぞ、此れ則ち王法の重く、逆臣の罪のむくゐなり」（浄蓮房御書）

「王臣邪師を仰ぎ、萬民僻見に帰す。是くの如き諂曲《てんごく》既に久しく四百余年を経歴し、国漸く衰え、王法も亦尽きんとす」（強仁状御返事）

「天魔入り替って檀那をほろぼす仏像となりぬ、王法の尽きんとするこれなり」（清澄寺大衆中）

「謗法はあれども、あらわす人なければ王法もしばらくはたえず、国もをだやかなるにたり」（報恩抄）

「真言の大法をつくす事、明雲《みょううん》第一度、慈円《じえん》第二度に、日本国の王法ほろび候い畢《おわ》んぬ」（四条金吾殿御返事）

「日本の仏法唯《ただ》一門なり、王法も二に非ず。法定まり、国清《す》めり」（四信五品抄）

「然して後、仏法漸く廃《すた》れ、王法次第に衰え……已《すで》に亡国と成らんとす」（同前）

「先に王法を失いし真言、漸く関東に落ち下る」（下山御消息）

「棟梁《とうりょう》たる法華経既に大日経の椽梠《てんりょ》となりぬ、王法も下剋上《げこくじょう》して王位も臣下に随う」（同前）

「爾来《じらい》三百余年、或は真言勝れ、法華勝れ、一同、なむど諍論《じょうろん》事きれざりしかば、王法も左右《とこう》なく尽きざりき」（頼基陳状）

「天照太神・正八幡の百王・百代の御誓いやぶれて、王法すでに尽きぬ」（同前）

「仏法と申すは勝負をさきとし、王法と申すは賞罰を本とせり。故に仏をば世雄《せおう》と号し、王をば自在となづけたり」（四条金吾殿御返事）

「法道は面《かお》にかなやきをあてられき、此等は皆仏法を重んじ王法を恐れざりし故ぞかし」（妙法比丘尼御返事）

「夫れ仏法は王法の崇尊《そうそん》に依《よ》って威を増し、王法は仏法の擁護《おうご》に依って長久す」（四十九院申状）

「是《か》くの如く仏法の邪正乱れしかば王法も漸く尽きぬ」（本尊問答抄）

「仏法のため王法のため、諸経の要文を集めて一巻の書を造る。仍《よ》って故最明寺入道殿に奉る、立正安国論と名けき」（同前）

「真言ひろまりて法華経のかしらとなれり、……この邪見増上《ぞうじょう》して八十一乃至五の五王すでにうせぬ。仏法うせしかば王法すでにつき畢んぬ」（曽谷殿御返事）

「八幡大菩薩は正法を力として王法を守護し給いけるなり」（諫暁八幡抄）

「我が朝に代始まって人王八十余代の間、大山の皇子《みこ》・大石の小丸を始と為《し》て二十余人、王法に敵を為《な》し奉れども一人として素懐《そかい》を遂げたる者なし」（富木入道殿御返事）

「王法に背き奉り民の下知《げち》に随う者は、師子王が野狐《やこ》に乗せられ東西南北に馳走《ちそう》するが如し」（同前）

「戒壇とは王法仏法に冥じ、仏法王法に合して、王臣一同に本門の三大秘密の法を持ちて」（三大秘法抄）

以上が、御書中の全用例三十八箇所である。この中で、一として「あらゆる社会生活の原理」などの意があったであろうか。ことごとく「国家・国主・国主の威光勢力・統治主権・国家権力・政治」等の意に用いておられること、瞭然ではないか。聖意に背く勝手な解釈を、曲会私情《ごくえしじょう》というのである。

次に「冥合」について、阿部教学部長は次のように云う。

「生命の奥深い所で合一するということで、仏法がそのまま生《なま》の形で王法にあらわれてくることではない。それは、仏法が仏法の使命に生き、王法がその理想実現に専心していくとき、結果として自然に冥合するということなのである。したがって今日、王仏冥合と政教分離とが抵触するものでないことは明白である。いずれにせよ、かかる冥合の文意において国立なる趣旨は全く見出し得ない」（悪書Ⅰ）と。

まことに涙ぐましい歪曲ぶりである。「王法仏法に冥じ……」の正意は、国家が日蓮大聖人の仏法を根本の指導原理として尊崇守護することである。だが、このように正しく解釈すれば憲法の政教分離の規定に抵触する。これを恐れて憲法に合わせて御聖意を曲げたのが、阿部教学部長の解釈である。

いかにも無道心ではないか。宗務院は学会が白といえば白、黒といえば黒と追従《ついしょう》するだけなのだ。曽て学会が「王仏冥合・国立戒壇のための選挙」と叫んでいた時には、宗門の機関誌は「王仏冥合の実現をめざして」と題する特集を組み

「国家を救う道は、邪宗邪義を倒して正法を立てる以外にはないのである。王仏冥合実現のために、参院選にのぞむ創価学会の政治家を、われわれ日蓮正宗の信徒はこぞって力を合わせ勝利へみちびきたい。……平和楽土の建設は、日蓮大聖人の大理想なのであり、そ

の実現は、国立戒壇という王仏冥合の姿においてなされる」（大日蓮37年6月号）と云ったものである。ところが学会が国立戒壇を捨てるや、たちまち「かかる冥合の文意において国立なる趣旨は全く見出し得ない」と豹変する。この無節操さ、恥ずかしいとは思わぬか。

しかし誑惑というものは、弘法《こうぼう》の「面門俄《にわ》かに開いて」の故事《こじ》のように、必ず馬脚を露《あら》わすものである。

阿部教学部長は「仏法が仏法の使命に生き、王法がその理想実現に専心していくとき、結果として自然と冥合する」というごまかし解釈を正当化そうと、滅劫御書を引いて次のように云った。

「滅劫御書に『智者とは世間の法より外に仏法を行《ぎょう》ず』との仰せがある。……したがって、智者というのは、世間の法よりほかに仏法を行じているのである。『世間の法より外に』ということとは、世間の法は世間の法として行じ、その根底に仏法を行じているということである」と。

これはいったいどうしたことか。御書を読み違えて正反対の解釈をしているではないか。

「世間の法より外に仏法を行《ぎょう》ず」ではない、「世間の法より外に仏法を行《おこな》わず」と読まなくてはいけない。御真蹟は「行す」とあって、送り仮名も濁点も省略されているから、どちらにも読める。しかし「行《ぎょう》ず」と読んでは意が通じない。ゆえに大石寺発行の昭和新定版では送り仮名を入れて「行《ハ》ず」となっているのである。

この文意は、智者というのは世間の法以外には仏法を行《ぎょう》じない、すなわち世間の法として行《ぎょう》じていることが、そのまま仏法の道理に叶っているということである。

ゆえに次文に、太公望《たいこうぼう》が暴虐《ぼうぎゃく》なる殷《いん》の紂《ちゅう》王の首を切って民の苦を抜き、張良《ちょうりょう》が二世王を亡ぼして民に楽を与えた事例を挙げ

「此等は仏法已前なれども、教主釈尊の御使として民をたすけしなり。……彼等の人々の智慧は、内心には仏法の智慧をさしはさみたりしなり」

と仰せられている。すなわち治世上の〝仏法の道理〟とは、安国論に示されるごとく「謗法の人を禁《とど》め」ることにある。仏法已前の「謗法の人」とは五常《ごじょう》を破る者である。ゆえに災難対治抄には

「仏法已前の三皇五帝《さんこうごてい》は五常《ごじょう》を以て国を治む。夏の桀《けつ》・殷《いん》の紂《ちゅう》・周《しゅう》の幽《ゆう》等の礼儀を破りて国を喪《ほろ》ぼすは、遠く仏誓《ぶっせい》の持破《じは》に当れるなり」

とある。太公望・張良等が殷《いん》の紂《ちゅう》・二世王を討ったのは、まさに「謗法の人を禁《とど》め」たことに当る。これが「智者とは世間の法より外に仏法を行《おこな》わず」の事例なのである。

阿部教学部長が引いたこの御文は、まさに前文の

「しかれば代のをさまらん事は、大覚世尊《だいかくせそん》の智慧のごとくなる智人《ちにん》世に有りて、仙豫《せんよ》国王のごとくなる賢王とよりあひて、……八宗の智人とをもうものを、或はせめ、或はながし、或は施をとどめ、或は頭《こうべ》をはねてこそ、代はすこしをさまるべきにて候へ」

の〝謗法禁断《ほうぼうきんだん》〟を釈せられているのである。どうしてこの前文を隠《かく》して後文だけ、しかも読み違えて引用するのか。

それにしても、誤読して正反対の意を述べるとは、いかにもお粗末ではないか。もし知らずに誤読したのなら無智、知ってやったのなら邪智といわざるを得ない。

「王臣一同に本門の三大秘密の法を持ちて」について

阿部教学部長は云う

「この『王臣一同』ということであるが、現代では、民衆が王であるとともに臣である。ゆえに『民衆一同』と読むのが、今日では正しいのである」（悪書Ⅰ）と。

この曲会は、一期弘法付嘱書の「国主」を民衆と歪曲したのと同じ手口である。仏法と国家の関わりを否定して憲法の政教分離に抵触しないように文意を曲げれば、こういう解釈になるのであろう。

御書を拝してみよ。いたる所に国家の構成について「王・臣・万民」との仰せを拝する。例文を挙げる。

「悪鬼の入れる大僧等、時の王・臣・萬民等を語《かた》らいて」（撰時抄）

「日本国の王・臣と並びに萬民等が」（同抄）

「王臣邪師を仰ぎ、萬民僻見《びゃっけん》に帰す」（強仁状御返事）

「王・臣・萬民みなしづみなん」（妙心尼御前御返事）

「末法の法華経の行者を軽賤《きょうせん》する王・臣・萬民、始めは事なきやうにて終《つい》にほろびざるは候はず」（出世本懐成就御書）と。

これらの御文にある「萬民」が、阿部教学部長のお好きな「民衆」に当るのである。もし「民衆が王であるとともに臣である」ならば、国家の構成は民衆だけとなり、国家の体《てい》をなさなくなる。

では、大聖人は「王」についてどのように仰せられているか。

「王と申すは三の字を横に書きて一の字を豎《たて》さまに立てたり。横の三の字は天・地・人なり、豎《たて》の一文字は王なり、須弥山《しゅみせん》と申す山の大地をつきとをして傾かざるが如し。天・地・人を貫きて少しも傾かざるを王とは名けたり」（内房女房御返事）と。

すなわち「王」とは、天地と人民を治める最高統治者なのである。政治学では国家成立の三大要素を「領土・人民・主権」と説明しているが、この主権こそ最高統治権力、仏法でいえば王法に当る。これを欠いては国家は成り立たないのである。

そして「臣」とは、最高統治者たる「王」を補佐して行政の衝に当る者である。

この「王」と「臣」は、たとえ名称・形態は変わるとも、古今東西、あらゆる国家にその存在が欠けることはない。ゆえに撰時抄には

「一閻浮提の内・八萬の国あり、其の国々に八萬の王あり、王々ごとに臣下並びに萬民までも」

として、「王臣」の存在が世界共通であることを示されている。しかるに「王臣」を「民衆」と解釈するのは、国家の本質を理解する能力に欠けているか諂曲《てんごく》の何れかである。阿部教学部長は恐らく後者であろう。

証拠を挙げよう。池田は昭和四十五年五月の学会総会でこう云っている。

「仏法でいう王とは、全民衆・全社会を包含した内容であり、もはや、国王を指すのでもなければ国家権力でもない。現代的にいえば、政治・教育・文化等、社会全般のことを指すと考えるべきでありましょう。主権在民の現代は、民衆が王であり、社会が王なのであります」（大白蓮華45年6月号）

阿部教学部長の解釈は、池田のこの誑惑に阿諛追従《あゆついしょう》しているだけなのである。

正義を改めて示しておく。三大秘法抄における「王・臣」とは、王とは日本国の天皇、臣とは総理大臣以下各大臣である。すなわち「王法仏法に冥ずる」広宣流布の日には、全国民はもちろんのこと、国家の統治機関たる天皇も各大臣も一同に三大秘法を受持する、ということである。

「有徳王・覚徳比丘の其の乃往を末法濁悪の未来に移さん時」について

「有徳王《うとくおう》・覚徳比丘《かくとくびく》」の故事は涅槃《ねはん》経に説かれている。――歓喜増益如来《かんぎぞうやくにょらい》の末法において仏法まさに滅せんとする時、正法を堅持した一人の聖僧がいた。名を覚徳《かくとく》という。このとき生活のために出家した禿人《とくにん》（職業僧侶）も多勢いた。これら無道心の悪僧らは、覚徳比丘《びく》が正しく仏法を説くを聞いて利害の心より憎悪を生じ、殺害せんとした。この時の国王を有徳《うとく》という。有徳王は覚徳比丘が危害を加えられんとするを聞き、護法のためにかけつけ、悪僧らと戦った。この王の奮戦により覚徳比丘はあやうく殺害を免がれたが、有徳王は全身に傷を負い、命終《みょうじゅう》したという――。

この有徳王・覚徳比丘の故事は、正法まさに滅せんとする時、国主はかくのごとく正法を守護すべしということを示されたものである。

この有徳王・覚徳比丘の振舞いの中に、国家権力と仏法の関係そして在り方が、自ずと示されている。大聖人の仰せられる王仏冥合とは、政治権力が政権維持のために仏法を利用したり、僧侶が国家権力にへつらって自宗の繁栄を策したりすることではない。このような関係は王仏冥合ではなくて癒着《ゆちゃく》である。

有徳王・覚徳比丘の振舞いを見よ。正法を説く覚徳比丘も不惜身命、覚徳比丘を守る有徳王も不惜身命、そこには微塵も利己《りこ》がない。ともに法を惜しむ大道念あるのみである。

このような、仏法のためには身命も惜しまぬ護法の大道心が一国に満ち満ちた時、戒壇を建立せよと、大聖人は定め給うたのである。

この御文を、阿部教学部長は次のように解釈する。

「正しい仏法者とこれを守護する世俗の力、又はその指導者が顕われる時をいう」（悪書Ⅰ）

「仏法者」などと、学会ごのみの語を用いているのが気になるが、それはさておく。この解釈の云わんとしていることは、次の阿部教学部長の言葉ではっきりする。

「大聖人様は広宣流布の条件として、三大秘法抄に『有徳王・覚徳比丘の其のむかしを末法濁悪の未来に移さん時、乃至時を待つべきのみ』と予言されました。この御文は広宣流布の時、在家の中より身命《いのち》がけで仏法を守る指導者が必ずお出《で》になる事を示されたものと拝されます。その広宣流布の時とは、まさに今日、創価学会の出現により、又その大指導者たる会長池田先生が身を以て示される、法主上人猊下と宗門に対する不惜身命の御守護をもって、いよいよ、その時が到来した事を、断じてはばからぬものでございます」（大日蓮41年6月号）と。

つまり「有徳王」とは池田大作、「覚徳比丘」とは細井管長を指しているのである。阿部教学部長は「有徳王」を不徳王とまちがえたのではないか。いったい、総本山を経済封鎖する「有徳王」がどこにいよう。〝時の法主〟を大衆の面前で罵倒して十三億五千万円を巻き上げた「有徳王」がどこにいよう。また、学会にへつらって御本仏の御遺命を曲げる「覚徳比丘」がどこにいようか——。御金言を曲げるのもいい加減にせよといいたい。

「勅宣並びに御教書を申し下して」について

すでに述べたごとく、「勅宣並びに御教書」とは、国家が戒壇の大御本尊を守護し奉るという〝国家意志の表明〟を意味する。仏国実現のため、大聖人はこの〝国家意志の表明〟を、戒壇建立に不可欠の手続と定め給うたのである。

しかし阿部教学部長はこれを単に「建築許可証」と歪曲する。その誑惑《おうわく》を具さに挙げてみよう。

「この勅宣・御教書の文についても、之を一つの手続きとして挙げたまう理由は、律令《りつりょう》時代からの国家仏教的伝統により戒壇建立にたいし国主の勅許という制約があり、かつ歴史的前例があった。大聖人はかかる時代をふまえたまい国主の勅裁という形での戒壇堂建立を述べられたのである。しかしこれは一往のことであって、かかる手続きや国主の裁許等が将来永久に必要とは限らない。国の機構・法制等は時代により変化してゆくからである。……今日においては国法、制度、宗教的実状、国主の意味等のすべてが変わった今日、この勅宣・御教書をもって仏法にたいする国家権力の介入の必要性を論ずることこそ守文《しゅもん》僻取《びゃくしゅ》の徒であり、大聖人の御真意に背くものである。……社会の機構が変わって大聖人御在世の頃の意味の国主は今日において民衆である。勅宣・御教書の意味を考えれば、それは信教の自由の制度下における建立の手続き則ち建築許可証の意味となる」（悪書Ⅱ）

また云く

「国家が戒壇を建てるという勅宣並び御教書を出すのか、それとも、宗門で本門戒壇を建ててもよいという許可を勅宣と御教書という形で出すのかという問題がある。歴史上の事例から考えると、まず後者の方ではなかろうか。……大聖人が、しばしば先例として引用される叡山の戒壇は、義真の建立（実質的には伝教大師の努力）であって、官の許可並びに天皇の詔が下りたのみである。大聖人の場合も、この叡山の先例にならって『勅宣並に御教書』と仰せられたのではなかろうか。……勅宣にしろ御教書にしろ、一定の制度の下における一定の地位にある者の発する公文書という性質のものであり、これを日蓮大聖人が絶対不可欠のものとされるはずがない。今日においては、もはや大聖人の時代におけるような勅宣はあり得ない。また、当然御教書もない。したがって、現在もなお、こうした古い時代の形式に固執し、戒壇の本意を失うことがあるとすれば、それは誤りというべきである。……それでは、現代においては、この『勅宣並に御教書』は、どのように考えるべきか。結論からいえば、そうした文書は現代ではあり得ないし、必要ないのである。消極的意味からすれば、先の叡山等の例から考え合わせて、一宗としての正統かつ独自の主体性を獲得せんがためと解することができる。これはすでに現憲法の信教の自由の保証によって実現されていると見てよい」（悪書Ｉ）

細井管長はさらにあからさまそして粗雑に云う。

「今日も建築申請を出さなければ許可にならない。ここでは勅宣といっています。今でも同じことです。ちゃんと総理大臣の決まったところから許されなければ建築許可になりません。そこで本山の建物、みな建築許可、申請をして、申し請《う》けてそして建っている。してみると決して国立じゃない。どこに国立という言葉があるか」（大日蓮50年11月号）と。

驚くべき破法の悪言である。もし「勅宣・御教書」が「信教の自由の制度下における建築許可証」ならば、昭和三十年十一月に建てられた奉安殿はこの条件をすでに満足しているではないか。なぜこれを「三大秘法抄に御遺命された戒壇」とは云わなかったのか。また、大聖人が先例として諸々に挙げ給う叡山《えいざん》の戒壇の勅許《ちょっきょ》について、ことさらこれを建築許可のレベルに矮小《わいしょう》化し「建立したのは義真であって、天皇は許可したのみ」などといっているが、なぜこの勅許すなわち「勅宣」の仏法上の重大意義を隠すのか。

すなわち叡山の戒壇建立における勅許とは、国家が法華経を唯一の正法と認め、諸宗をことごとく叡山の末寺とするという〝国家意志の表明〟を意味している。なればこそ戒壇建立の前提として、まず正邪決断が公場で行われている。延暦二十一年一月の公場対決がそれである。

「終《つい》に仏の誡《いましめ》をそれて桓武《かんむ》皇帝に奏《そう》し給いしかば、帝、此の事をどろかせ給いて六宗の碩学《せきがく》に召し合させ給う。彼《か》の学者等、始めは慢幢《まんどう》山のごとし、悪心毒蛇のやうなりしかども、終に王の前にしてせめをとされ、六宗・七寺一同に御弟子となりぬ」（撰時抄）

しかし、この公場対決によって諸宗一同、伝教の弟子になったとはいえ、なお未だ不完全な帰伏であった。そのゆえは、円定《えんじょう》・円慧《えんね》においては伝教の正義に帰伏するとも、戒においては未だ伝教の弟子ではなかったからである。事実この対決ののちも、諸宗の得度者は東大寺の戒壇に上って具足戒《ぐそくかい》を受け、天下公認の僧侶としての資格を得ていたのであった。

ここに叡山の迹門戒壇の建立は、日本の諸宗を円定・円慧のみならず、戒においても法華経の円頓戒《えんどんかい》に統一するという、名実共の仏法の大革命であったのである。

「其の上、天台大師のいまだせめ給はざりし小乗の別受戒《べつじゅかい》をせめをとし、六宗の八大徳に梵網経《ぼんもうきょう》の大乗別受戒をさづけ給うのみならず、法華経の円頓《えんどん》の別受戒を叡山に建立せしかば、延暦円頓《えんりゃくえんどん》の別受戒は日本第一たるのみならず、仏の滅後一千八百余年が間、身毒《けんどく》・尸那《しな》・一閻浮提《いちえんぶだい》にいまだなかりし霊山《りょうぜん》の大戒日本国に始まる。……されば日本国の当世の東寺《とうじ》・園城《おんじょう》・七大寺・諸国の八宗・浄土・禅宗・律宗等の諸僧等、誰人か伝教大師の円戒をそむくべき。かの漢土九国の諸僧等は、円定《えんじょう》・円慧《えんね》は天台の弟子ににたれども、円頓一同の戒場は漢土になければ、戒にをいては弟子とならぬ者もありけん、この日本国は伝教大師の御弟子にあらざる者は外道なり、悪人なり」（撰時抄）と。

このような意義を持つ戒壇建立であれば、法華経の定・慧の流布に勝る大難があった。

「諸人手をたたき舌をふるふ、在世には仏と提婆《だいば》が二《ふたつ》の戒壇ありてそこばくの人々死にき。されば他宗にはそむくべし、我が師天台大師の立て給はざる円頓の戒壇を立つべしという不思議さよ、あらおそろし、おそろしと、罵《ののし》りあえりき」（報恩抄）と。

これら諸宗あげての怨嫉のゆえに、伝教の存生には戒壇建立は実現せず、滅後ほどなくして義真のとき「勅宣」は下されたのである。かくて

「終《つい》に叡山を建てて本寺と為し、諸寺を取って末寺と為す。日本の仏法唯一門なり、王法も二に非ず。法定まり、国清《す》めり」（四信五品抄）は実現したのである。

もしこの「勅宣」が、単なる建築許可であったならば、どうして諸宗あげての怨嫉が起ころう。実に諸宗を叡山の末寺とする国家的な宗教革命であったればこそ、定・慧の流布に勝る大難があったのである。

迹門の戒壇にしてなお然り、いわんや本門の戒壇においておやである。ゆえに大聖人は「設《たと》い日蓮死生不定《ししょうふじょう》たりと雖《いえど》も、妙法蓮華経の五字の流布は疑い無き者か。伝教大師、御本意の円宗を日本に弘めんとす、但し定《じょう》・慧《え》は存生に之を弘め、円戒は死後に之《これ》を顕わす、事相《じそう》たる故に一重の大難之れ有るか」（富木殿御返事）と、伝教を例として、本門戒壇建立の容易ならざることを密示されている。もし三大秘法抄の「勅宣並びに御教書」が「建築許可証」で済むのなら、「一重の大難」などのあるべき道理がないではないか。

まさに大聖人が本門戒壇建立の手続として定め給うた「勅宣・御教書」こそ、国家が宗教の邪正を認識決裁し、三大秘法を国家の根本の指導原理として護持擁護するという〝国家意志の表明〟そのものである。ゆえに大難事なのである。しかしこれなくしては国家・国土の成仏はない、仏国の実現はない。ゆえに必要不可欠の手続と定め給うたのである。

しかるを「勅宣・御教書」を単なる一時代における文書とし、「そうした文書は現代ではありえないし、必要ないのである」（悪書Ⅰ）等というに至っては、まさに御本仏に敵対し奉る謗言というべきである。たとえ「国の機構・法制等」は変わるとも、国家ある限り国家意志は必ず存在する。時代を超えたこの本質を、大聖人は「勅宣・御教書」と仰せられたのである。

また

「『勅宣並に御教書』は……一宗としての正統かつ独自の主体性を獲得せんがためと解することができる。これはすでに現憲法の信教の自由の保証によって実現されていると見てよい」（悪書Ⅰ）といっているが、国家が宗教の正邪を認識していない現憲法の〝信教の自由〟が、どうして「一宗の正統……獲得」と結びつくのか。

このような癡論《ちろん》を弄《ろう》するのも、詮ずるところ憲法を主、仏法を従とする顚倒《てんどう》より発している。ゆえに

「今日、憲法第二十条に定められた政教分離の原則によって、国会も閣議も『戒壇建立』などという宗教的事項を決議する権限を全く有していない。仮に決議したとしても、憲法

違反で無効であり、無効な決議は存在しないことと同じである。やれないことや無いことを必要条件に定めることは、結果的には、自ら不可能と決めて目的を放棄することになる」（悪書Ｉ）などというのである。

広宣流布以前に作られた憲法の枠内で戒壇建立が実現し得ないのは、ことわるまでもなく当然のことである。だから大聖人は「時を待つべきのみ」と仰せられている。広宣流布が達成されれば、当然憲法も改正されよう。これが「王法仏法に冥ずる」の、国法上の事相でもある。そして〝かかる時が来るまでは本門戒壇を建ててはならぬ〟というのが、御本仏の厳しきお誡めでもあれば、違憲などのあるべきはずもないのである。

それを、現憲法で出来ないことを必要条件と定めるのは「目的を放棄することになる」とは、憤りを通りこして、むしろ滑稽《こっけい》でさえある。

これらの発言を見るに、阿部教学部長は現憲法を至上《しじょう》・不磨《ふま》の大典とみなしているごとくであるが、ことの序《ついで》に、仏法の立場から明治憲法および日本国憲法をどう見るかについて、一言しておきたい。

明治憲法では、文言《もんごん》には表われてないが、事実上神社神道を国教として認め、国家がこれを保護していた。これに対し日本国憲法は、神道と国家の分離を命ずる連合国司令部の指令に基き、政教分離を規定している。

これを仏法より見れば、明治憲法は、国家の根本に毒を取り入れていたことになる。次の日本国憲法は、毒は捨てたが薬も用いないという憲法である。そして最も勝れた憲法とは、毒を捨てるのみならず薬を用いるものであることは自明の理である。すなわち広宣流布の時には、日蓮大聖人の仏法を基本原理とする憲法が制定されなくてはならぬ。この時が、本門戒壇建立の時なのである。

しかし阿部教学部長は憲法改正をしてはいけないかのように、またなし得ないことのように、次のごとく云う。

「基本的人権を無視し、国民主権主義を否定する方向への憲法の改変は、憲法改訂の限界を超えるものであり、許されるべきでないというのが、憲法学会の定説ともいうべき圧倒多数説であると聞いている」（悪書I再刊後記）

誰に聞いたとは書いてないが、学会の弁護士・検事グループの入れ智恵であることは間違いない。

およそ憲法は、国家・国民のためにあるのであって、憲法のために国家・国民があるのではない。ゆえにもし国家・国民が、安泰《あんたい》・至福《しふく》をもたらす唯一の法が三大秘法であると認識すれば、三大秘法を基本原理として憲法を改正することは、当然のことである。このように、時代の進展にともなって憲法が改正されることは、国家社会の発展の法則でもある。ゆえに明治憲法においても、また現憲法においても、それぞれ「改正」の手続がきめられているのである。

しかし法律論的には、憲法改正には限界があるとは云われる。たとえば明治憲法においては「国体」に関する規定は改正の対象とすることはできないと解されていたし、現憲法についても同様の趣旨の限界があるとも一往いわれる。

このところを阿部教学部長は吹きこまれたのであろう。だが、敗戦という革命的事態を迎えて、明治憲法が基本原理を超えて全面改正されたごとく、広宣流布という国家の宗教的大革命があれば、また基本原理を超えた改正がなし得るのは理の当然である。そしてこれを決定するものは、低次元の法律論などではない、実に〝国民の総意〟なのである。ゆえに憲法学者もいう。

「改正の限界という問題は理論的には重要な問題であるが、実際に憲法を改正すべきかどうかが問題となる場合においては、それを決定するものは、改正の限界を超えるかどうかでなく、この憲法の内容に対する国民の判断であるといわなければならない」（佐藤功「日本国憲法概説」）と。

学会の三百代言グループの幼稚な論理を尤もらしく受け売りすると、後世に恥を晒《さら》すことになる。

「霊山浄土に似たらん最勝の地を尋ねて戒壇を建立すべき者か」について

本門戒壇建立の場所は、日本国の中には富士山、富士山の中には南麓《なんろく》の勝地・天生原《あもうがはら》と、日興上人以来歴代上人は伝承されている。

しかし大石寺の境内に建てた正本堂を御遺命の戒壇と偽るためには、どうしても「天生原」を否定しなければならない。そこで阿部教学部長は云う。

「現在、本門戒壇の大御本尊ましします大石寺こそ、本門戒壇建立の地であることは明らかである。凡そ戒壇建立地の大前提たる富士山は、大聖人の定め給うところながら、その山麓の何処であるかは、唯授一人の血脈を詔継《しょうけい》され、時に当って仏法上の決裁を示し給う現法主日達上人の御指南を基本とすべきである。戒壇建立の地は、正本堂の意義に徴するも大石寺であることを拝信すべきである」（悪書Ⅰ）

さらに云く

「天母山《あんもやま》の問題がありますけれども、かえって天母山でなく、この大石寺でいいんだと、大石寺においてこそ、ここに戒壇を建立すべきであると、いう事が現在、御法主上人猊下の御指南であったわけでございます」（大日蓮49年8月号）と。

すべてを「法主」の権威でねじ曲げようとしている。

では細井管長はどのように「天生原」（この中心地が「天母山」）を否定したかといえば、詳細は顕正新聞（平成元年一月二五日号）に挙げて破折してあるのでここには省略するが、その要旨は、日興上人の文証たる「大坊棟札」を〝後世の偽作〟といい、また「天生原」説は〝要山の日辰が云い出したことで本宗の教義ではない〟等といっている。しかし日寛上人の

「事《じ》の戒壇とは即ち富士山天生原に戒壇堂を建立するなり」（報恩抄文段）

を始めとして、歴代法主上人の御文はあまりにも赫々《かくかく》明々で否定しきれない。そこで細井管長は最後の一手として「天生原とは大石寺のある大石ヶ原のことである」とこじつけた。

すなわち天・生・原の一々の字義を諸橋大漢和辞典によって、「天」とは至高、「生」とは蘇生、「原」とは源、等と解釈したうえで「天生原は無限の生命の源を表わしている。よ

って天生原とは最高独一の妙法の原、即ち本門戒壇の御本尊であります。……天生原こそここにありと信じてこそ、真実の我々の心である」（大日蓮45年9月号）と支離滅裂なこじつけをしている。

だいたい「天生原」がどこにあるかを説明するのに、どうして諸橋大漢和辞典が出てこなければならぬのか。古来より大石寺の周辺一帯は「大石《おおいし》ヶ原」と呼ばれてきた。この地名に因《よ》って「大石寺《おおいしのてら》」と名づけられたのである。そしてこの大石寺より東方四キロの小高い岡が「天母山」であり、その麓に広がる曠々《こうこう》たる勝地が「天生原」と呼ばれてきた。このように「大石原」と「天生原」は場所が異るから、地名も異ったのである。

そして日興上人以来歴代御法主上人は、大石寺の御宝蔵に戒壇の大御本尊を秘蔵厳護し給い、広布の暁、天生原に国立戒壇が建立されることを熱願されてきたのである。ゆえに四十八世日量上人は

「『本門寺に掛け奉るべし』とは、事《じ》の広布の時、天母原《あもうがはら》に掛け奉るべし、……夫《そ》れまでは、富士山大石寺即ち本門戒壇の根源なり」（本因妙得意抄）

と仰せられる。このように「天生原」は明らかに大石寺とは異る場所にある。それを大漢和辞典の字義の解釈によって同一地にするとは、見えすいたたばかりである。

明治四十五年に刊行された御宝蔵説法本には次のごとく示されている。

「此の大石寺より東の方《かた》、富士山の麓に天母原と申して曠々たる勝地あり、茲《ここ》に本門戒壇御建立ありて」と。

この文、「大石原」と「天生原」を同一地という誑惑を、まさに一言にして破る明文ではないか。

それにしても、阿部教学部長自身の自語相違はどうする。昭和四十五年六月、顕正会の諫暁書に触発された八木直道・要行寺住職が、「正本堂を御遺命の戒壇といいながら、最勝の地ではない大石寺の境内に建てるのはおかしい」として「御伺書」を提出した時、阿部教学部長は同年六月九日付の文書を以て次のごとく回答している。

「正本堂が三大秘法抄に示したもう最極の戒壇でない以上、奉安殿に引続いてより大なる『戒壇御本尊』格護の殿堂として建設する場合、大石寺境内またはそれに隣接する地所を撰ぶことが諸般の実状と便宜上当然のことである」と。

この意をわかり易くいえば〝正本堂は御遺命の戒壇ではないから、天生原ではなく大石寺境内に建てるのが当然である〟ということである。どうしてこのような正論が云えたのかといえば、この時は、顕正会の第一回諫暁によりしばし宗門に正義が蘇《よみがえ》っていた時だったからである。時の状勢によってくるくると教義を改変するこの無道心、恥ずかしいとは思わぬか。

「時を待つべきのみ」について

この御文は、時至らざる以前に戒壇を立てることを堅く禁じ給うた制誡である。一期弘法付嘱書と三大秘法抄に、同文を以て重ねて訓誡あそばされていることに、この御制誡の重大性を拝さなくてはならない。

では、その「時」とは何時《いつ》を指すのか。一期弘法付嘱書には総括的に〝国主此の法を立てらるる時〟と定められ、三大秘法抄には具さに〝王仏冥合・王臣受持・勅宣御教書の申し下さるる時〟と定められている。御本仏の定め給うたこの重大な「時」を無視する者は、まさに仏勅に背く逆賊といわねばならぬ。

阿部教学部長が、この「時」をどのようにごまかしているかを見る。

「『時を待つべきのみ』の『時』をどのように考えたらよいのか。仏法の『時』というのは、本質的には、随自意《ずいじい》で判断すべきものである。日蓮大聖人が今こそ三大秘法の大白法流布の時と判断されたのは、究極するところ、大聖人の御内証からの叫びであった」(悪書Ⅰ)と。

反詰して云く、しからば大聖人は正像二千年に出現されて〝今こそ三大秘法流布の時〟と随自意に判断されたのか。「時鳥《ほととぎす》は春をおくり、鶏鳥《にわとり》は暁をまつ、畜生すらなおかくのごとし」(撰時抄)と仰せられる大聖人が、どうして正像末の三時・五箇の五百歳等の客観的「時」を無視されようか。ゆえに観心本尊抄には地涌《じゆ》出現の時節を明かされて云く

「地涌千界正像に出でざることは、正法一千年の間は小乗・権大乗なり……今末法の初め小を以て大を打ち、権を以て実を破し、東西共に之を失し天地顛倒《てんとう》せり、迹化の四依《しえ》は隠れて現前せず、諸天其の国を棄《す》て之を守護せず、此の時、地涌の菩薩始めて世に出現し、但《た》だ妙法蓮華経の五字を以て幼稚に服せしむ」

また云く

「是《か》くの如き高貴の大菩薩、三仏に約束して之を受持す、末法の初めに出で給わざる可きか」

また云く

「此の菩薩、仏勅を蒙りて近く大地の下に在り、正像に未だ出現せず、末法にも又出で来り給わずば大妄語の大士なり」と。

これらの御文を拝すれば、大聖人が「後五百歳」「末法の初め」という、経文に定められた「時」を待って出現し給うたこと、明々白々ではないか。御本仏にしてなおこのように「時」を待ち給う。いわんや末流の門下が、御本仏の定め給うた戒壇建立の「時」を無視し、「随自意」などと称して、勝手に「時」を判断する己義《こぎ》が、どうして許されようか。

阿部教学部長はさらに云う

「『時を待つ』といっても、それは、時をつくりつつ待つのであって、ただ手を拱《こまね》いて待つのではない」（悪書Ⅰ）と。

当然ではないか。だからこそ日興上人は「未だ広宣流布せざる間は、身命を捨て随力弘通を致すべき事」（遺誡置文）と仰せられたのである。日興上人・日目上人の死身弘法こそ紅涙を以て拝すべし。阿部教学部長は本行寺・平安寺の住職時代、学会にへつらうことと遊興のほか、どれほどの死身弘法をしたか。さらに念のため云っておく、「時をつくりつつ待つ」とは、世間を欺く正本堂などを建てることでは断じてない。

さらに教学部長はいう

「仏法の『時』は、決して固定化した一時点を指すのではなく、もっとダイナミックで、かつ大きいものである。したがって大聖人が『時を待つべきのみ』と仰せられたのも、一つには末法万年尽未来際の広宣流布を望んで壮大なビジョンの上から仰せられたものと拝する」（悪書Ⅰ）と。

これは池田大作の「広宣流布は終着点のない流れ自体」という欺瞞《ぎまん》を扶《たす》ける妄語にすぎない。

心を沈めて御聖文を拝せよ。王仏冥合・王臣受持の状況を背景に、「勅宣・御教書」が発せられるその「時」は、まさしく年・月・日・時刻までも記録されるべき「一時点」ではないか。

また云く

「大聖人が『時を待つ可きのみ』と仰せられた御聖意を拝するに、予め社会次元での形式を論ずることは、かえって一定の制約をつくることになり、むしろ、時代に応じて、最も適切な方法をとるべきであるとの余地を残されてこのように仰せられたとも考えられる。

大聖人が、他の御書においても、一切戒壇の内容についてふれられていないのも、こうしたご配慮があったればこそではなかろうか」（悪書Ⅰ）と。

大聖人が他の御書において本門戒壇の内容を一切説明されてないことについて、阿部教学部長は昭和三十七年ごろには、次のような正論を述べていたものである。

「この理由は、まず第一に、戒壇建立は国家の宗教的大革命であるから、国主帰依の後においても非常な大難があるべきこと、まして謗徒国中に充満の時、これが顕説は、慎重に慎重を加えられたものと思われます」（大白蓮華37年6月号）と。

この自語相違、どのように会通するのか。

さらに教学部長の誑惑は続く

「現在は仏法上いかなる時であるかを決し、宗門緇素《しそ》にこれを指南し給う方は、現法主上人にあらせられる」として四十七年四月二十八日の訓諭を引き、その意を自ら釈して云く

「正本堂は現在直ちに一期弘法抄、三大秘法抄に仰せの戒壇ではないが、将来その条件が整ったとき、本門寺の戒壇となる建物で、それを今建てるのであると、日達上人が明鑑あそばされ、示されたのが此の度の訓諭であろう」（悪書Ⅰ）と。

いよいよ本音が出てきた。正本堂は、一期弘法抄・三大秘法抄に定められた条件が未だ

整わないうちに建ててしまったものと、自ら結論づけているではないか。

しかし顕正会の破折がよほど気になるのか、続けてかく云う

「もしいまだ建物建立の時も至らずと考え、三大秘法抄の前提条件も整わないとして、前もって戒壇を建てるのは『時を待つべきのみ』の御制誡に背くという意見があるとすれば、それは不毛《ふもう》の論に過ぎない」と。

御本仏が定め給うた条件の整わぬうちに建てることこそ重大なる仏勅違背、御遺命破壊ではないか。この違背を責める護法の正論が、どうして「不毛の論」なのか。

さて、大聖人はなにゆえ広宣流布以前の戒壇建立を厳禁し給うたのであろうか。

謹んで案ずるに、もし宗教の正邪未だ決せぬ時に建立するならば、一国において邪正肩を並べ、自ずと邪宗・謗法を容認することになり、仏国実現が不可能になるからである。

ゆえに立正安国論には立正の前提として破邪すなわち謗法禁断を国主に示され、また如説修行抄には「終《つい》に権教・権門の輩《やから》を一人もなくせめをとして法王の家人《けにん》となし、天下万民・諸乗一仏乗と成って妙法独《ひと》り繁昌せん時」と仰せられ、また治病抄《じびょうしょう》には「結句《けっく》は勝負を決せざらんの外《ほか》は、此の災難止《や》み難《がた》かるべし」と仰せられるのである。

また大聖人の御振舞いを拝するに、鎌倉幕府を三たび諫暁ののちは鎌倉を去って身延に入山あそばされ、それよりは一歩も山を下り給うことがなかった。これ、諫暁を止めたのちになお鎌倉にとどまることは、邪正肩を並べ謗法を容認するに当るゆえである。

この大精神に基き、日蓮正宗においては、一国において邪正が決せられぬ間は、大聖人の御当体たる戒壇の大御本尊は宝蔵にこれを秘し奉り、謗法と堅く境を隔《へだ》てて厳護申し上げてきたのである。

しかるに御制誡に背いて広布以前に戒壇を建てるとすれば、必ず宗門に謗法与同の不純、謗法同座の腐敗がおこる。

見よ、昭和四十四年五月、大石寺より日興上人の御影像《みえいぞう》を持ち出し、身延等の邪宗日蓮宗と共に開いた「聖人展」を――。また同年八月、全日本の邪宗が集り開いた「世界連邦身延大会」に公明党が参加を申し入れ、あるいは学会が立正佼成会・ＰＬ教等と停戦協定・平和協定を結んだ等の謗法与同は、まさにこの証拠ではないか。さらに正本堂には、あろうことかローマ法王の特使をはじめ数名のキリスト教神父が招かれている。これこそなによりの謗法同座の現証ではないか。

池田大作は正本堂落成直後の本部総会で次のように述べている。

「機会があるならば恒久平和実現のために、現にこの地球上で行われている戦争の終えんのために、キリスト教や、イスラム教や、仏教など、世界の宗教界の人々と、心から話し合う用意があることを、この席で強く申し上げておきたい」（聖教47・11・3）と。

「破邪・立正・安国」の御聖意をふみにじる、なんたる腐敗、なんたる堕落であろうか。かかる僻人《びゃくにん》の建てた「世界平和の殿堂」なる建物が、この正本堂なのである。まさに「時を待つべきのみ」の御制誡に背けばこそ、このような腐敗堕落が起こるのである。阿部教学部長、以ていかんとなす。

以上、阿部教学部長の凄じいまでの三大秘法抄の御金言破壊を具さに見て来た。いまこれを総括すれば

「王法」を「あらゆる社会生活の原理」と歪曲《わいきょく》し

「王臣」を「民衆」と欺《あざむ》き

「有徳王」を「池田先生」と諂曲《てんごく》し

「勅宣・御教書」を「建築許可証」とたばかり

「霊山浄土に似たらん最勝の地」を「大石寺境内」と偽り

「時を待つべきのみ」を「前以て建ててよい」と欺誑《ぎおう》し、以て国立戒壇を否定して正本堂の誑惑を正当化さんとしたものである。

大聖人滅後七百年、三大秘法抄の御聖意をここまでふみにじった曲会《きょくえ》は、宗内外に未だ見ざるところである。「外道《げどう》・悪人は如来《にょらい》の正法を破りがたし、仏弟子等必ず仏法を破るべし、師子身中《しししんちゅう》の虫の師子を食《は》む」（佐渡御書）の仰せが転《うた》た身にしみる。

正系門家の中に在って、御本仏の唯一の御遺命を破壊せんとした「師子身中の虫」とは、誰あろう宗務院教学部長・阿部信雄その人であった。

四　「事の戒壇」の定義変更による誑惑

事《じ》の戒壇とは、広布の暁に建てられる御遺命の戒壇である。しかるに池田大作はこの事の戒壇を「正本堂である」と偽った。そこで顕正会は「正本堂は事の戒壇ではない」と第一回諫暁書で破折した。すると細井管長と阿部教学部長は「戒壇の御本尊のまします所は、いつでもどこでも事の戒壇である」と定義を変更して、だから「正本堂は事の戒壇といえる」と云い出した。

いかにも見えすいたたばかりであるが、破折しておく。この定義変更の欺瞞《ぎまん》は二つある。

その一つは、〝正本堂が御遺命の戒壇か否《いな》か〟ということと、〝戒壇の大御本尊のましまス所が広布以前にも事の戒壇といえるか否か〟ということとは、全く無関係・別次元の問題なのである。しかるに「事の戒壇」という名称を共通せしむることにより、顕正会の破折を紛《まぎ》らわせ、池田の誑惑があたかも通用するかのように錯覚《さっかく》せしめているのが、欺瞞の第一である。


第二は、本宗の伝統法義の上からは、広布以前に戒壇の大御本尊ましまス所を「事の戒壇」とは絶対に云えないのである。

まず本宗伝統の法義を示そう。本門戒壇における事《じ》と義《ぎ》とは、事とは事相《じそう》（事実の姿）の意、義とは義理・道理の意である。すなわち、三大秘法抄に定められた条件が整った時に事実の姿として建立される戒壇を「事の戒壇」といい、それ以前に本門戒壇の大御本尊のましまス所を「義の戒壇」と申し上げるのである。

その文証を引く。

日寛上人は法華取要抄文段に、まず義の戒壇を説明されて

「義理の戒壇とは、本門の本尊所住の処《ところ》、即ちこれ義理・事の戒壇に当るなり……故に当山は本門戒壇の霊地なり。またまた当《まさ》に知るべし、広宣流布の時至れば、一閻浮提《いちえんぶだい》の山《やま》寺《でら》等、皆嫡《ちゃく》々書写の本尊を安置す。その処は皆これ義理の戒壇なり」と。

次に事の戒壇を釈されて

「正《まさ》しく事の戒壇とは、秘法抄に云く『王法仏法に冥じ……』等云々」と御指南されている。

また日亨《にちこう》上人は

「この戒壇について、事相《じそう》にあらわるる戒壇堂と、義理の上で戒壇とも思えるの二つがある。事相の堂は将来一天広布の時に勅命で富士山下に建ち、上は皇帝より下は万民にいたるまで授戒《じゅかい》すべき所であるが、それまでは本山の戒壇本尊安置の宝蔵がまずその義に当るのである。末寺の道場も信徒の仏間も、軽くは各々その義をもっていると云える」（正宗綱要）

また日淳上人は

「御文（三大秘法抄・一期弘法付嘱書）に、王法と仏法と冥合《みょうごう》して国主が此の法を御用いの時は、此の戒壇が建立せられる、それを『事《じ》の戒法と申す』と仰せられるのでありますから、その時の戒壇を事の戒壇と申し上げるのであります。従って、それ以前は御本尊のましますところは義理の上の戒壇と申し上げるべきであります。仍《よ》って此のところを義の戒壇と申し上げるのであります」（日蓮大聖人の教義）と。

文証・赫々《かくかく》明々、一点の疑問の余地もない。これが本宗伝統の「事」と「義」の立てわけである。

学会においてもこの定義は同じである。

「戒壇とは、広宣流布の暁に本門戒壇の大御本尊を正式に御安置申し上げる本門の戒壇、これを事の戒壇という。それまでは大御本尊の住するところが義の戒壇である」（折伏教典・三五版）

池田大作でさえ

「日蓮大聖人の三大秘法の仏法においては、本門の本尊まします所が義・戒壇にあたる。……ここに日蓮大聖人御遺命の戒壇建立とは事の戒壇であり、『三国並に一閻浮提の人・懺《ざん》悔《げ》滅罪の戒法』である」と。

定義は正しい、ただしこの定義を以て正本堂を事の戒壇と偽るから「御遺命違背」というのである。

細井管長も曽ては正しい定義を用いていた。

「事の戒壇とは、富士山に戒壇の本尊を安置する本門寺の戒壇を建立することでございます。勿論《もちろん》この戒壇は広宣流布の時の国立の戒壇であります」（大日蓮36年5月号）

「広宣流布を待ってはじめて本門寺を建立、戒壇の大御本尊を安置し奉って事の戒壇建立ということになるのでございます」（大日蓮34年9月号）と。

しかるに昭和四十五年の顕正会の諫暁以降、突如としてこの定義が変更される。すなわち細井管長は

「この（戒壇の）御本尊在《まします》すところは事の戒壇でございます。だからその御本尊が、たとえ御宝蔵にあっても、あるいは唯今奉安殿に安置し奉ってあっても、あるいは今正に出来んとする正本堂に安置し奉っても、その御本尊在すところは何処《いずこ》・何方《いずかた》でも、そのところは即ち事の戒壇であります」（45・4・27・教師補任式）と。

前言との自語相違はどうなる。

阿部教学部長も云う

「戒壇の本尊のおわします所、直《ただ》ちに事の戒壇である」（悪書Ⅱ）と。

だが日寛上人は

「未だ時至らざる故に、直ちに事の戒壇これ無し」（寿量品談義）と御指南下さる。まるで正反対ではないか。これまさに、細井管長・阿部教学部長が池田の誑惑を扶《たす》けるため、勝手に日蓮正宗の伝統法義を改変して「義」を「事」と偽ったものだ。これを「己義を構える」というのである。

細井管長・阿部教学部長が定義改変を正当化するために挙げた文証はただ二つである。

一つは日開上人の御宝蔵説法本。これを細井管長はわざと日開上人の御名を隠したうえで「御相伝《ごそうでん》」と称し、次のように引用する。

「其の本堂（原本は戒壇堂）に安置し奉る大御本尊いま眼前に当山に在《まし》ますことなれば、此の所即ち是れ本門事の戒壇、真の霊山《りょうぜん》・事の寂光土《じゃっこうど》」（大日蓮50年9月号）と。

原本の「戒壇堂」を「本堂」と改ざんするのも無慚《むざん》であるが、許されないのは文意の歪曲である。

日開上人は、戒壇の大御本尊まします所を直ちに「事の戒壇」と仰せられたのではない。

第一章ですでに述べたように、この前文には

「事《じ》の広宣流布の時、勅宣・御教書を賜わり本門戒壇建立の勝地は当国富士山なる事疑

いなし」

とある。すなわち広宣流布の暁に国立の事《じ》の戒壇が建てられることを大前提とし、その事の戒壇に安置し奉るべき戒壇の大御本尊いま眼前にましますゆえに、たとえ未だ事の戒壇は建てられていなくとも、その功徳においては事の戒壇に詣《もう》でるのと全く同じであるということを「此の所即ち是れ本門事の戒壇」と仰せられたのである。これが「義理・事の戒壇」すなわち義の戒壇の意である。

この御意は、三十七世日琫《にっぽう》上人の御宝蔵説法の

「未だ時至らざれば、直《ただ》ちに事の戒壇はなけれども、此の戒壇の御本尊ましますことなれば、此の処即ち本門戒壇の霊場にして、真の霊山《りょうぜん》・事《じ》の寂光土《じゃっこうど》と云うものなり」と同一轍《どういってつ》である。

しかるに細井管長は、日開上人の御宝蔵説法の前文をわざと隠す、すなわち御遺命の戒壇を無視した上で、戒壇の大御本尊所住の処を直ちに「事の戒壇」といった。これ明らかに文意の歪曲である。

もう一つの文証は、「最近出てきた」という日相《にっそう》上人の文書である。この文書について細井

管長は
「日寛上人の御説法を日相上人がお書きになった。これは間違いないんです」
という。また阿部教学部長も、この日相上人文書が日寛上人の「密意」を伝えるものであるとして
「日相上人の聞書《ききがき》、大弐阿闍梨《だいにあじゃり》（日寛上人大学頭時代の呼び名）講《こう》の三秘六秘中の戒壇の文にも書かれている」（悪書Ⅱ）と云っている。

これではまるで、日相上人が日寛上人の御説法の場に在って書いたように取れるではないか。「聞書《ききがき》」とは聞きながら書く速記録である。日相上人は第四十三世の貫首にして、その御出家は日寛上人の滅後四十四年である。その日相上人が、どうして日寛上人の御説法を聴聞できよう。たばかりもいいかげんにせよ。

また阿部教学部長は、この文書が日寛上人の「密意」を伝えるごとくいうが、あの用意周到の日寛上人が、どうしてこのような形で大事の御法門を後世にお伝えになるであろうか。寛尊の精美を極めた大事の御法門は、六巻抄および重要御書の文段に尽き、それ以外には絶対にない。ことに畢生《ひっせい》の大著といわれる六巻抄に至っては、御遷化《ごせんげ》の前年に再治を加えられ、その中で「敢《あ》えて未治の本を留むることなかれ」とまで念記されている。その

上人が、このような頼りないメモでどうして大事の法義を密伝されようか。

またもしそれほど重大な文書なら、なぜ今まで誰もその存在を知らず、昭和五十年になって始めて発見されたのであろうか。

この文書がもし日相上人の直筆だとしても、恐らく日相上人が日寛上人の大学頭時代の御説法本を拝見し、その要旨をメモされたものに過ぎないであろう。「密意」などとたばかってはいけない。

さて、鬼の首でも取ったように披露した日相上人文書であるが、その内容を見れば

本門戒壇 ┬ 在々処々本尊安置の処は理の戒壇なり。
　　　　 └ 富士山、戒壇の御本尊御在所は事の戒（壇）なり。

とあるだけである。この意は、日寛上人が諸々に示し給うた御意と何ら矛盾するものではない。すなわち嫡《ちゃく》々書写の本尊安置の処を「理の戒壇」とし、広布の暁・富士山に建てられる戒壇の大御本尊御在所の戒壇を「事の戒壇」と示されただけのことである。

このように、嫡々書写の本尊の所住と国立戒壇とを直ちに相対して理と事に立て分ける捌《さば》きは、日寛上人の報恩抄文段にも見られる。すなわち

「本門の戒壇に事あり理あり。理は謂《いわ》く道理なり、また義の戒壇と名づく。謂く、戒壇

の本尊を書写してこれを掛け奉る処の山々・寺々・家々は皆これ道理の戒壇なり。次に事の戒壇とは、即ち富士山天生原に戒壇堂を建立するなり」と。

日相上人の文意は、この報恩抄文段と同一轍《どういってつ》である。故意に文意を歪曲されては日相上人こそ迷惑なさろう。

だいいち、このメモの初めにも「三大秘法とは開すれば六、合すれば三なり」とある。もし戒壇の御本尊の所住が広布以前にも事の戒壇であるとするならば、三大秘法抄・御付嘱状の御遺命は不要となり、日寛上人の御法門の枢要《すうよう》たる三秘六秘も成立しなくなるではないか。

しかしなお阿部教学部長は〝猛々《たけだけ》し〟く云う。

「(日寛上人の著述中に) 本門戒壇本尊との名称を挙げて、そのおわしますところを義の戒壇と説かせられる文は一か処も存しない。いな、むしろ本門戒壇の本尊の処、義理の戒壇でないことを決し給うている」(悪書Ⅰ)

さらに云く

「本門戒壇の本尊所住の処が、理の戒壇とか義の戒壇とおっしゃってる所は一ヶ所もないと思うんです。寛師のあの尨大《ぼうだい》の著書の中で、おそらく一ヶ所でもあったら教えていただきたい。まず絶対ないと私は思うんです」（大日蓮49年8月号）と。

では、御要望にしたがって明文を挙げよう。願くば守文《しゅもん》の闇者《あんじゃ》たらずして理を貴《たっと》ぶ明者たらんことを――。

まず法華取要抄文段に云く

「義理の戒壇とは、本門の本尊所住の処は即ち是れ義理・事《じ》の戒壇に当るなり。経に云く『当《まさ》に知るべし、是の処は即ち是れ道場』とは是れなり。天台云く『仏其の中に住す、即ち是れ塔の義』等云々。故に当山は本門戒壇の霊地なり」と。

「当山」とは、本門戒壇の大御本尊まします大石寺のことである。この大石寺を指して「義理の戒壇」と明らかに仰せられているではないか。

また寿量品談義に云く

「未だ時至らざる故に直ちに事の戒壇之《こ》れ無しと雖も、すでに本門戒壇の御本尊在《ましま》す上は、其の住処は即ち戒壇なり」と。

「事の戒壇は未だ無し」とした上で「其の住処は即ち戒壇」と仰せられるのは〝義理（道理）において事の戒壇〟という意である。なにゆえ義理・事の戒壇に当るのかといえば

「本門戒壇の御本尊在《ましま》す上は」とある。文意全く取要抄文段と同じである。

また依義判文《えぎはんもん》抄に云く

「南条抄に云く『教主釈尊の一大事の秘法を霊鷲山《りょうじゅせん》にして相伝し、日蓮が肉団の胸中に秘し隠し持てり、……斯《か》かる不思議なる法華経の行者の住処なれば、争《いかで》か霊山浄土に劣るべき……』云々。応《まさ》に知るべし、『教主釈尊の一大事の秘法』とは、即ち是れ本門の本尊なり。『日蓮が肉団《にくだん》の胸中』とは、即ち本尊所住の処これ義の戒壇なり。……『斯《か》かる不思議なる法華経の行者の住処』等とは、所修は即ち是れ本門の題目なり、住処と云うとは題目修行の処、即ち義の戒壇なり」と。

「教主釈尊の一大事の秘法」とは、本門戒壇の大御本尊の御事《おんこと》である。ゆえに文底秘沈抄には

「『教主釈尊の一大事の秘法』とは、結要付嘱《けっちょうふぞく》の正体・蓮祖出世の本懐・三大秘法の随一・本門の本尊の御事なり。是れ則《すなわ》ち釈尊塵点劫《じんでんごう》来心中深秘の大法の故に『一大事の秘法』と云うなり。然るに三大秘法随一の本門戒壇の本尊は今富士山の下《もと》に在り」と。されば「日蓮が肉団の胸中」とは本門戒壇の大御本尊所住の処である。日寛上人はこの処を「これ義の戒壇なり」と明確に仰せられているではないか。

また「斯《か》かる不思議なる法華経の行者の住処」をまた「義の戒壇」とされている。「法華経の行者」とは即日蓮大聖人、そして日蓮大聖人の御当体は即本門戒壇の大御本尊、その「住処」をまた「義の戒壇」と仰せられているではないか。

以上、明文・白義あたかも天日のごとし。阿部教学部長、もっていかんとなす。

五　その他の国立戒壇否定の僻論

「御書には国立戒壇の語はない」

池田大作はいう

「戸田先生もわれわれも、いちじ『国立戒壇建立』といってきました。しかしどこを捜《さが》しても、御書には『国立戒壇建立』ということばはないのです。大聖人様はちゃんと未来を考えていらっしゃったのです」（聖教40・9・22）

「国立戒壇ということばは、大聖人の御書には一つもありません。あくまでも、民衆の力によって、できあがる本門戒壇の建立が、大聖人の御遺命であります」（大白蓮華41年7月号）と。

幼稚な論理である。「国立戒壇」の用語が御書にないというのなら、「民衆立」の語はあるのか。また法華経の肝心・法体は一念三千である。しかし「一念三千」の語は法華経のどこにもない。同じく「久遠実成」「二乗作仏」のことばも法華経にはない。これらの言葉は、ことごとく法華経の理に基《もとづ》いて後に付された名称である。

いま「国立戒壇」も同じ。三大秘法抄の「王法仏法に冥じ……勅宣並びに御教書を申し下して建立すべき戒壇」を約言すれば、まさしく「国立戒壇」ではないか。ゆえに日蓮正宗の歴代先師上人も、また学会も、この名称を用いてきたのではなかったのか。

ただしこの「国立戒壇」とは、国費によって立てる戒壇の意ではない。広宣流布の暁の事の戒壇は、全国民の燃えるような赤誠の供養によるべきである。また国立戒壇とは、国家権力による強制をも意味しない。信仰は強制によってなし得るものではない。あくまで一対一の折伏により全国民が三大秘法を受持する時が広宣流布であり、その時が戒壇建立の時だからである。

では、国立戒壇の「国立」たるゆえんはどこにあるのかといえば、実に「勅宣並びに御教書」すなわち国家意志の表明にある。かくて始めて仏国実現が叶うのである。

　この国立戒壇の本質を知れば、かりに「国立戒壇」について世間の誤解があったとしても、その誤解をこそ解くべきであるのに、いまになって「御書にない」などと云って国立戒壇を棄てるのは、大聖人に背くだけではない、世間の物笑いにもなろう。

　また「民衆立」であるが、もしこの「民衆立」が国民の総意による建立を意味するのならば、国民の総意は即国家意志となるから、往《ゆ》いては国立戒壇と同意となる。

　ただし学会・宗門でいう「民衆立」とは、実は「学会立」にすぎない。だからこれをごまかすためには、もったいぶったこじつけがどうしても必要になる。次の細井管長の講演は如実にこれを物語る。

　「正本堂は、池田会長の発願と、全信徒八百万の純信なる日蓮正宗の信徒の浄財による。いわば八百万民衆の建立であります。〝八百万〟という数は、実に奇《く》しき数であります。〝八百万〟とは昔の日本古来の読み方によりますと『やおよろず』であります。『やおよろず』とは〝無数〟を意味するのであります。今われわれ人間は、十界互具《ごぐ》・一念三千の法門からすれば、一面、天界の神々であるといえるし、また仏界の仏でもあるといえるのであります。八百万民衆の建立による正本堂は、それ故、古来の読み方に従えば『やおよろず』の神々・諸天善神の建立ともいえるし、また十方三世の無数の仏の建立ともいえるのであります。まことに正本堂こそ意義深い建物であると信ずるのでございます」（大日蓮45年6月号）と。

〝八百万〟を「無数」といい、また「諸天善神」といい、また「仏界の仏」という。何をいっているのかさっぱりわからないのは、誑惑のゆえである。

誑惑のむなしいことを報恩抄に云く

「糞《ふん》を集めて栴檀《せんだん》となせども、焼く時は但《た》だ糞の香《か》なり。大妄語《だいもうご》を集めて仏と号《ごう》すとも、但《た》だ無間《むげん》大城《だいじょう》なり。尼犍《にけん》が塔は数年が間利生《りしょう》広大なりしかども、馬鳴《めみょう》菩薩の礼《らい》をうけて忽《たちま》ちにくづれぬ」と。

「国教でないから国立戒壇はない」

細井管長はいう

「(日蓮大聖人は) 決して大聖人の仏法を日本の国教にするなどとは仰せられておりません。日本の国教でない仏法に『国立戒壇』などということはありえない」（大日蓮45年6月号）

阿部教学部長もいう

「大聖人の仏法に、国教ということは全くありえないし、かえって正しい弘通が阻害《そがい》されよう。その国教ということが全く排せられるべきものであるから、国立戒壇ということも当然必要がないのである」（悪書Ⅱ）と。

これは逆《さか》さまの論理である。〝国教にすべきでないから国立戒壇はない〟ではない、〝国教にすべきであるから国立戒壇が必要〟なのである。

「国教」の定義もいろいろあるが、もし「国教」を〝国家が根本の指導原理として崇尊《そうそん》する教法〟と定義するならば、三大秘法こそ日本の国教たるべき教法であり、大聖人の御念願もここにあられる。

御付嘱状の「国主此の法を立てらるれば」、四十九院申状の「国主此の法を用いて」とは、まさしく〝国教にすべし〟との御意ではないか。また三秘抄の、王法が冥ずる「仏法」、王臣一同が受持する「本門の三大秘密の法」、勅宣・御教書を以て擁護《おうご》すべき「本門戒壇の大御本尊」とは、まさしく国教そのものではないか。

そして、国家が根本の指導原理として三大秘法を受持擁護するその具体的発動が、国立戒壇の建立である。ゆえに、国教だからこそ国立戒壇が必要なのである。

現憲法に気兼ねして「国教」を禁句のごとく扱う必要はない。第六十五世日淳上人は堂々と

「真に国家の現状を憂うる者は、其の根本たる仏法の正邪を認識決裁して、正法による国教樹立こそ必要とすべきであります」（大日蓮32年1月号）と御指南されているではないか。

細井管長も阿部教学部長も、ただ池田に追従しているだけなのだ。池田は云う

「戸田前会長も私達も……国立戒壇という言葉を用いてきました。しかし、その言葉が、そのまま国教化を目指すものであるという誤解を生じてはならないので、戸田前会長も私達も、明確に、国立戒壇イコール国教化ということは、最初から否定してまいりました」（大白蓮華45年6月号）と。

だが戸田前会長は次のように云っている。

「日蓮正宗を国教として、天皇も帰依して戒壇を建立するようになった場合、戒壇の御本尊さまを、どこの宗派がだせるか。大聖人さまご遺命に、天皇がかならず御本尊を奉持するときの、シシン殿にたてまつる御本尊をしたためられてある。シシン殿御本尊さまを、どこの宗派が天皇にさしあげられるか」（大白蓮華35年1月号）

池田の御都合主義は一目瞭然である。

「世界宗教だから国立戒壇はない」

阿部教学部長はいう

「大聖人の仏法は、一国に跼蹐《きょくせき》するものでなく、広く世界民衆を救済する世界的宗教の最たるものである。この点から国立戒壇論の執見を教訓したい」(悪書Ⅰ)

「世界宗教としての大聖人の本質より見て、苟《いやし》くも狭い一国の枠《わく》における国家主義的な執見に囚《とら》われてはならない」(悪書Ⅱ)と。

これも逆さまの論理である。世界宗教だからこそ国立戒壇が必要なのである。

大聖人の仏法が全人類の成仏のための大法であることは、教行証御書に

「前代未聞の大法此の国に流布して、月氏・漢土・一閻浮提《いちえんぶだい》の内の一切衆生、仏に成《な》るべき事こそ有難けれ、有難けれ」と。

また報恩抄には

「日本乃至漢土・月氏・一閻浮提に、人ごとに有智《うち》・無智《むち》をきらはず、一同に他事《たじ》を捨

てて南無妙法蓮華経と唱うべし」と仰せあそばす。

　このように、全世界の一切衆生が成仏を遂げさせて頂ける大法、全人類が信じ唱え奉る「本門戒壇の大御本尊」を守護申し上げるのが、三大秘法有縁の日本国の使命なのである。これを「守護付嘱」という。そしてこの付嘱の責務を果す具体的顕現が、実に国立戒壇なのである。

　では、なぜ守護を国家がするのかといえば、立正安国論に守護付嘱のいわれを説いて云く
「是《こ》の故に諸《もろもろ》の国王に付嘱して、比丘《びく》・比丘尼《びくに》に付嘱せず。何を以ての故に、王の威力《いりき》無ければなり」と。

　人類にとってかけがえのない御大法《ごだいほう》を守護するにおいて、比丘(僧侶)・比丘尼ではその実力に欠ける。ゆえに国家がその責務を全《まっと》うし奉るのである。

　かかる国立戒壇が、どうして「一国に跼蹐《きょくせき》するもの」「国家主義的」などの非難を受けようか。万一〝国立〟のゆえに誤解する者があるというならば、堂々とその大精神を説くべきである。

　世界の至宝といわれる「ミロのヴィーナス」、ミケランジェロの「奴隷」、ダビンチの「モ

ナリザ」等をはじめ、美術品二十五万点を所蔵するルーブル美術館はフランスの「国立」であるが、「国立」のゆえに偏狭といって非難する者がどこにいようか。

国立戒壇とは、まさしく一閻浮提総与《いちえんぶだいそうよ》の戒壇の大御本尊を、全人類のために、日本が国家の命運を賭《と》しても守り奉る姿なのである。このような崇高な国家目的を持った国が世界のどこにあろう。かかる仏国こそ、真に世界の尊敬を受ける国家ではないか。

世界宗教と国立戒壇の関係は、何よりも三大秘法抄を拝すべきである。すなわち本門戒壇の大功徳が世界に及ぶことを「三国並びに一閻浮提《いちえんぶだい》の人、懺悔滅罪《ざんげめつざい》の戒法……」とお示しあそばすと共に、その建立は日本国の広宣流布の時、日本国の「勅宣・御教書」を以てせよ、と仰せられているのである。

「大聖人の仏法の救済対象は国家ではない」

阿部教学部長は次のようにいう。

「大聖人の仏法における救済の対象とその方法について一考したい……大聖人の仏法にあっては、永遠にわたって一人一人の人間の苦を解決し、生命の尊厳とその真義に眼ざめさせるものであり、特殊な権力または権力者のみを対象とするのでなく、すべての人を救済する目的を持たれている。……故にこの人間、或いは人格とは別に、国家意志とか、国家そのものを弘教に利用する目的などは、本来大聖人の仏法には存在しないのである。国家或いは政治そのものと仏法とは次元が違うのであり、同一の立場では論ずべきものではない。故に大聖人の仏法の諫暁はあくまで一箇の人間としての為政者、天皇、国主、権力者ないし一般国民にたいする一人一人の正法への開眼を目標とされているのである。大聖人が立正安国論を鎌倉幕府に提出し諫言あそばされたことは、すなわち国主と雖も仏弟子としての自覚を喚起せしめ、その成仏を図る必要があり……いわゆる国家意志そのものを目標として権力者へ諫訴せられたのではない」(悪書Ⅱ)と。

大聖人が身命を賭して国主を諫暁あそばしたことも、阿部教学部長の翳眼《えいがん》にはこのように映《うつ》るらしい。教学部長には、個人と国家、国家と仏法の関係が全くわかっていない。いや、わかりたくないようだ。

大聖人が国家を諫暁あそばされたのは〝国家を弘教に利用する目的ではない〟などとは云うも愚《おろ》か、その御心は実に三大秘法を以て国家を安泰ならしめ、以て一切衆生を救済するにあらせられる。ゆえに立正安国論御勘由来には

「但《た》だ偏《ひと》えに国の為、法の為、人の為にして、身の為に之《これ》を申さず」と仰せ給うのである。
では、一切衆生を救うために何ゆえ国家を諫暁あそばされたのか――。

ここに個人と国家、国家と仏法の関係を凝視《ぎょうし》する必要がある。およそ人間は、国家を離れては生存し得ない。そのゆえは、人間の生存には集団生活・共同生活が不可欠であり、集団生活がある限り、統制秩序の機能を果す国家がまた不可欠となるからである。すなわち国家は、人間の共同生活の最高一般的な統制組織体として、欠くことのできない存在なのである。

国家と、他の団体・結社との本質的相違はどこにあるかといえば、他の団体は加入・脱退が自由であるが、国家は、人間が生まれながらにしてこれに属し、かつ一方的に離脱することができない。また他の団体は法律・権力による強制をなし得ないが、国家は必要とあらば、物理的強制力を以てしても、個人および団体を服従せしめることができる。

このような国家は何のために存在するかといえば、国家機能の第一は、国内外の危機から国民を守るところにある。内からの危機とは、秩序が崩壊して内乱に至ること、これを仏法では「自界叛逆《じかいほんぎゃく》」という。外からの危機とは、外敵の侵略すなわち「他国侵逼《たこくしんぴつ》」である。

もし国家が悪法を用い正法に背くならば、自界叛逆・他国侵逼を必ず招来するというの

が、大聖人の強き御指南であられる。ゆえに立正安国論に
「若《も》し残る所の難、悪法の科《とが》に依って並び起り競い来らば、其の時何《いか》んが為《せ》んや。帝王は国家を基《もとい》として天下を治め、人臣は田園を領して世上を保つ。而るに他方の賊来りて其の国を侵逼し、自界叛逆して其の地を掠領《りゃくりょう》せば、豈《あに》驚かざらんや、豈《あに》騒がざらんや、国を失い家を滅せば、何れの所にか世を遁《のが》れん」と仰せられている。
まさに知るべし。国家の安危は全国民の幸・不幸をその中に包含している。もし国家に二難が起これば、国民は塗炭《とたん》の苦を受ける。ここを以て大聖人は
「一切の大事の中に、国の亡びるが第一の大事にて候なり」（蒙古使御書）
とは仰せられる。国家主義などのゆえではない、一切衆生を救うために「国の亡びるが第一の大事」と仰せられたのである。
すなわち、万民を救うためには国家が安泰でなければならない、国家を安泰たらしめるには国家が正法を立てなければならない。ゆえに大聖人は国主を諫暁あそばされたのである。
この道理がわかれば、〝大聖人の仏法の救済対象は個人であって国家ではない〟などの痴論は、たちまち雲散霧消《うんさんむしょう》しよう。
阿部教学部長は云う「国家あるいは政治そのものと、仏法とは次元が違う」と。

いみじくもここに云う「国家あるいは政治」こそ王法そのものである。そしてこの王法が仏法に冥ずべしと御教示されたのが、安国論・三秘抄の御趣旨であられる。

また教学部長は〝大聖人の国家諫暁は国家への働きかけや国家意志を目標としていない。一箇の人間としての国主を、正法に開眼させるため〟とも云う。

しかし、国主が私人・個人として仏法を信じても、国家の安泰にはつながらない。国主が、国家を代表して国家意志を表明すればこそ、始めて国は助かるのである。ゆえに下山抄に

「国主の用い給はざらんに、其《そ》れ以下に法門申して何かせん。申したりとも国もたすかるまじ、人も又《また》仏になるべしともおぼへず」とは仰せられる。もし大聖人が「一人一人の正法への開眼を目標」とされ、その中の一人が個人としての国主なら、どうしてこの仰せがあろうか。教学部長の会通《えつう》が聞きたい。

「国立戒壇は田中智学が云い出した」

阿部教学部長はいう

「国立戒壇の名称とその思想が初めてあらわれたのは、まさにこの智学の式目の中にお

いてである」（悪書Ⅰ）と。そして顕正会の国立戒壇論を「田中智学の思想の模倣《もほう》である」（悪書Ⅱ）として、口を極めて悪罵《あくば》する。

国立戒壇を否定するには、もうこの論法以外に逃げ道はないのであろう。曽て細井管長は、日寛上人の報恩抄文段における「天生原《あもうはら》に戒壇堂を建立するなり」を否定するため、不相伝家・要法寺の日辰《にっしん》が大石寺の義を盗んで「天生山《あんもやま》戒壇説」を唱えていたことを理由に、「日寛上人は日辰の影響を受けている」などと僻論《びゃくろん》を述べたが、阿部教学部長の論法もこれと全く同じ手口である。

田中智学は邪流・身延派の僧、還俗《げんぞく》して明治十三年に蓮華会、さらに大正三年に国柱会という団体を作った。その間、明治三十五年に「本化妙宗式目《ほんげみょうしゅうしきもく》」、同四十三年に「日蓮聖人の教義」等の書を著わしているが、これらの書の中に「国立戒壇」の名称が出てくる。これを以て阿部教学部長は、顕正会が「模倣《もほう》」したというのである。

反詰する。もし「模倣」というならば、同じく「国立戒壇」の名称をお使いになった本宗の歴代先師上人を、なぜ「田中の模倣」と非難しないのか。また学会の戸田会長そして曽ての池田大作をなぜ「模倣」と批判しないのか。

馬脚《ばきゃく》はここに露われている。阿部教学部長は、本宗が田中の模倣をしたのではなく、田中が本宗の正義を盗んで「国立戒壇」を唱えたことを、百も承知なのである。

さて田中は、釈尊本仏に執着して三大秘法も知らぬ身延派の徒である。この男がどうして「国立戒壇」を唱えるようになったかといえば、明治十五年に本宗と法論した「横浜問答」がその契機である。この問答で完敗した彼は行方をくらまし、その後もっぱら研究したのが富士大石寺の教義であった。かくて富士大石寺伝統の国立戒壇の正義を知り、これを盗んであたかも自身発明のごとく世に宣伝した。ただし、国立戒壇を模倣したものの、「戒壇の大御本尊」はない。そこで「佐渡始顕の本尊」なる偽本尊を立てたのである。

この経緯《けいい》は学会でも知っている。ゆえに創価学会教学部編の「日蓮正宗創価学会批判を破す」に云く

「じつに、国立戒壇の建立こそは、第二祖日興上人にのみ御遺命になったのである。そして、その場所も、富士山と明白に御指示になっている。また、あらゆる正史料から、日蓮正宗のみが、大聖人の御遺命をうけて、富士山に事の戒壇（国立）を建立しようと、必死の努力を続けてきたことは明白になった。近ごろは田中智学門流でさえも、囀《さえず》っている

ではないか」と。

また大白蓮華誌には

「田中智学は国立戒壇の建立が、宗祖大聖人窮局の御本懐であらせられることまでは知ることができたものの、さて戒壇の大御本尊は如何になると、何とか本尊を一定にする必要があると感じ、それには佐渡始顕が根本になるべきだと、独断したものである」（32年9月号）

「田中智学は、三大秘法抄の『霊山浄土に似たらん最勝の地』とは、正しく富士であると決定している。もし各宗派が三大秘法抄と富士戒壇を容認するならば、それは日蓮門下にとって、一つの進歩ともいえるであろう。しかし、所詮は田中智学のごとく、富士大石寺の本門戒壇の大御本尊を知らないために、邪義に陥っている」（同号）

「国柱会の田中智学は、富士の正義をぬすみ、三大秘法抄によれば富士に本門戒壇を建立すべきだ、などと主張した」（35年6月号）と。

見よ、学会ですら〝田中智学が本宗の正義を盗んだ〟と云っているではないか。

また日淳上人も仰せられる。

「田中智学氏の『日蓮聖人の教義』なる著書は、日蓮正宗の教義を盗んで書いたものであることは明白である。ただ本尊段において佐渡始顕の本尊を立てをるのは、日蓮正宗に何とか対抗せんとの窮余《きゅうよ》の考えからである」（「興尊雪寃録」の妄説を破す）と。

阿部教学部長がこれらの事実を知らぬはずはない。しかるに学会が国立戒壇を放棄すればこれに迎合し、日蓮正宗の中でひとり御遺命正義を守り奉る顕正会を「浅井一派の国立戒壇論は……田中智学の思想の模倣であって、その酷似《こくじ》するところ驚くほかはない」などと誹謗をする。このような者を姦佞邪智《かんねいじゃち》というのである。

観心本尊抄に云く

「墓《はか》ないかな天台の末学《まつがく》等、華厳《けごん》・真言《しんごん》の元祖の盗人《ぬすっと》に一念三千の重宝を盗み取られて、還《かえ》って彼等が門家と成《な》りぬ」と。

「一念三千」はひとり天台大師の己証《こしょう》である。しかるに華厳宗と真言宗はこの一念三千の義を盗んで自宗の肝心とした。ところが智恵あさき天台宗の末流はこれを知らず、かえって一念三千の法門は華厳・真言にありと思いこみ、その門下になったという。

いま思うに、国立戒壇はひとり日興上人に付嘱された御遺命、日蓮正宗だけの宿願である。しかるに田中智学この義を盗む。ところが日蓮正宗の全信徒は〝国立戒壇は田中の義なり〟として、かえってこれを捨てた。この由々《ゆゆ》しき僻事《ひがごと》をなさしめたのは、実に阿部教学部長の誑惑である。この大罪、どうして現当《げんとう》に免《まぬが》れ得ようか。

以上、国立戒壇を否定し正本堂を正当化そうとする、深く巧みなる誑惑の根は、ここにすべて切断し畢《おわ》った。

六　正本堂の正体

詮ずるところ正本堂は、政治野心と名利に燃える池田大作と、それに諂《へつら》う細井管長・阿部教学部長との、大聖人の御眼を恐れぬ癒着《ゆちゃく》より生じた大誑惑である。

しかし誑惑というものは、いかに深く巧みであっても必ず馬脚を露《あら》わす。「一切は現証には如《し》かず」（教行証御書）と。ここにその現証を示そう。

見よ！　正本堂落成の直後に起きた学会と宗門との抗争を――。池田はたちまち学会員の登山を禁じて総本山を経済封鎖し、細井管長はこれに対抗して一山の僧侶を集めて云く

「これはもう、このままじゃ話にもならない。もしどこまでも学会が来なければ、それ

は正本堂を造ってもらって有難いけれども……もし学会が来なくて、こっちの生活が立たないと云うならば、御本尊は御宝蔵へおしまいして、特別な人が来たならば、御開帳願《ごかいちょう》う人があったら御開帳してよいと云う覚悟を、私は決めた」（宗門の現況と指導会・49・7・27）と。

正本堂とは、このていの建物である。なにが「大聖人御遺命の戒壇」、なにが「宗門七百年の悲願」であろうか。正本堂がもし御遺命の戒壇ならば、その完成直後にどうして〝有徳王〟と〝覚徳比丘〟がこのような醜い争いをするであろうか。この下劣な抗争こそ、まさに〝悪事の仲間割れ〟ではないか。正本堂の正体は、この現証によってはしなくも露呈《ろてい》している。

まさしく正本堂は、上《かみ》は御本仏大聖人に背き奉り、さらに二祖日興上人より六十五世日淳上人に至るまでの歴代先師に違背し、下《しも》は日蓮正宗全信徒をたぶらかし、また外には一国を欺いた「誑惑の殿堂」というべきものである。

このような大それた誑惑が、なぜ正系門家・日蓮正宗の中に起きたのであろうか——。その本質を仏法の眼で見れば、これこそ、第六天の魔王が広布前夜の正系門家を狙い、大檀越《おおだんのつ》と高僧の身に入って御本仏の御遺命を破壊せんとしたものに他《ほか》ならない。

最蓮房御返事に云く

「第六天の魔王、智者の身に入りて正師を邪師となし、善師を悪師となす。経に『悪鬼《あっき》其《そ》の身《み》に入《い》る』とは是《こ》れなり。日蓮智者に非《あら》ずと雖《いえど》も、第六天の魔王我が身に入らんとするに、兼《かね》ての用心深ければ身によせつけず」

また出世本懐成就御書に云く

「すこしもたゆむ心あらば魔たよりをうべし」と。

いま正系門家の大檀越ならびに高僧等、信心はうすく名聞利養の心は深きゆえに、天魔便《たよ》りを得て、この壊乱《えらん》をなさしめたのである。

阿部管長に誑惑清算を訴う

最後に阿部管長に、法のため、国のため、宗門のため、この誑惑の清算を強く訴えるものであります。

正本堂の僻事《ひがごと》において、最も許されざる、そして最も恐れ多いことは、戒壇の大御本尊に対し奉る不敬、すなわちこの誑惑に、学会・宗門一体になって大御本尊を利用し奉ったことであります。

二祖日興上人以来歴代先師が、ただ大聖人の御心に叶わんと、いかように戒壇の大御本尊にお仕えし守護し奉ってこられたことか、このお姿は、昭和三十年に造られた新御宝蔵すなわち奉安殿の、落成式における日昇上人の慶讃文《けいさんもん》に明らかであります。

「夫れ戒壇の本尊は、宗祖日蓮大聖人の本懐、末法衆生帰命《きみょう》の法体《ほったい》、一宗依止《えし》の当体なり。宗祖大聖人弘安二年十月十二日之《これ》を建立して血脈付法の二祖日興上人に身に宛《あ》て給はるところなり。上人身魂《しんこん》を尽して護持し大石《おおいし》の寺に奉安し、一閻浮提《いちえんぶだい》の座主《ざす》日目上人に付嘱してより、血脈《けちみゃく》の法主歴世《れきせい》に奉戴《ほうたい》し、或る時は校倉《あぜくら》を、或る時は土蔵を宝蔵として奉安し、専心に守護し、国立戒壇の建立を待ちて六百七十余年、今日に至れり。国立戒壇こそ本宗の宿願なり。三大秘法抄に『戒壇とは王法仏法に冥《みょう》じ仏法王法に合して、王臣一同に三大秘密の法を持ちて、乃至、勅宣並びに御教書を申し下して建立する所の戒壇なり』と。之《これ》は是《こ》れ、宗祖の妙法蓮華経が一天四海に広宣流布の時こそ之《こ》の時なり。……血脈付法の法主を継《つ》げる日昇……『時を待つべきのみ、事《じ》の戒法とは之《こ》れなり』の金言を身に体して、必ず来るべき国立戒壇建立の暁まで守護すべし。後々《のちのち》の法主も一心同体たるべきと確信す。願くば宗祖大聖尊《だいしょうそん》の法魂《ほうこん》、安穏に常住《じょうじゅう》し給わんことを」と。

この凜呼《りんこ》たる仰せこそ、日蓮正宗七百年の歴代貫首上人の、戒壇の大御本尊に仕え奉る御心であられる。

しかるにいま、国立戒壇に安置し奉るべしとて大聖人が留め置かれた「本門戒壇の大御本尊」は、国立戒壇を否定するための誑惑の殿堂、邪法の神父まで招いて穢《けが》した不浄の正本堂に、居《す》えられ奉っている。大聖人を辱《はずかし》め奉ること、これより甚しきはない。御法魂、いかで安穏に住し給うべき。宗開両祖の御悲憤を思いまいらせれば、その恐れ多さ、ただ背筋の凍《こお》るをおぼえるのみ。

この重大なる不敬を謝し、御遺命違背の大罪を償《つぐな》う道はただ一つ。

速《すみや》かに、戒壇の大御本尊を清浄の御宝蔵に遷座《せんざ》し奉り、誑惑の正本堂を撤去《てっきょ》すること。

これ以外には断じてありません。いまこれを為すべき責務と、為し得る権限は、宗門においてただ阿部管長の一身にあれば、速かに懺悔《ざんげ》の心を以て大罪を償《つぐな》われんことを、強く願い求めるものであります。

もし顕正会の言を軽《かろ》んじ、一分の改悔《かいげ》もなく、さらに「本門寺改称」などの悪事を重ねるならば、現当の大罰いかで免れましょうか。

すでに池田は蘇我《そが》のごとくに亡びつつあり、創価学会も音を立てて崩壊しつつあります。これ正本堂のゆえでなくて何でありましょうか。また阿部管長は登座《とうざ》以来、一山《いっさん》の衆徒より相承《そうじょう》の有無を疑われ、宗門を二分する泥沼のごとき抗争に性心《しょうしん》を労しております。これ御本仏の御遺命に背いた罰でなくて何でありましょうか。ただし、これらは未だ現世の軽報、恐るべきは後生《ごしょう》の大苦であります。

御本仏大聖人、顕立正意抄に云く

「我弟子等の中にも信心薄淡《うす》き者は、臨終の時、阿鼻獄《あびごく》の相を現ずべし。其の時我を恨《うら》む可からず」と。

以上。

平成二年四月二十七日

日蓮正宗　顕正会

会長　浅井昭衞

日蓮正宗　管長

阿部日顕殿

あとがき
——その後どうなったか

この諫暁書は、阿部管長の肺腑を抉《えぐ》り、心に怖畏《ふい》を生ぜしめたものと思われる。

そしてこの諫暁書送附と同時に、顕正会の死身弘法は二十万に達した。三月《みつき》後の平成二年七月、顕正会の大総会を横浜アリーナにおいて、二万人を結集して開催した。席上、私は全員に訴えた。

「もし池田大作が本門寺改称を強行するならば、そのとき、全顕正会員はこぞって大石寺に総登山すべきである。二十万顕正会の全員が、戒壇の大御本尊の御前《おんまえ》に馳せ参じ、大石寺の境内《けいだい》を埋め尽くし、信心の力を以て本門寺改称を断固粉砕しようではないか」

全顕正会員は熱涙の中に捨身の決意を堅めてくれた。この、二十万顕正会の捨身護法の決意は、池田の心胆を寒からしめた。

「本門寺改称」の陰謀 潰《つい》える

実は彼はこの前年、大石寺の大客殿前に、中国の天安門広場と見まごうほどの大広場を造成していた。ここで、招待した外国元首等を「梵天《ぼんてん》・帝釈《たいしゃく》」に見立てて「大石寺開創七百年慶祝記念文化祭」を催《もよお》し、席上、華やかに「広宣流布達成」を宣言するつもりだったのである。

そして翌十月の慶讃法要において、阿部管長に「本門寺」の寺号公称を高らかに発表させる——これが彼の心算であった。

ところが顕正会の捨身護法の決意を知って、彼は外国元首らの招待を急遽キャンセルし、宗門にも記念文化祭の規模縮小を秋谷会長を通して連絡して来た。

「来る九月二日の大石寺開創七百年慶祝記念文化祭については、顕正会がデモをかけてくるとの噂があるので、規模を縮小したい」と。

そしてこの通告どおり、記念文化祭は「広布達成」の宣言もなく、ただ歌と踊りの無意味で小規模なものに萎《しぼ》んでしまった。

しかし池田は、記念文化祭での宣言は省略しても、慶讃法要での「本門寺改称」宣言だけは、阿部管長にやらせるつもりでいた。

その池田の懸念《けねん》はただ一つ、それは阿部管長の裏切りだった。細井管長がそうであったように、阿部管長も顕正会の強き諫めによって学会を裏切るのではないか――この疑心暗鬼《ぎしんあんき》が、またしても細井管長の時と同様に、本山への経済封鎖となった。池田は「月例登山」を激減させ、さらに阿部管長との約束だった二百箇寺の建立をも意図的に遅らせた。

この経済封鎖はかえって阿部管長の反発を招いた。ここに、あれほど一枚岩のごとくに見えた宗門・学会の癒着に、始めて深刻な亀裂が生じたのであった。

その中に平成二年十月十二日、いよいよ大石寺開創七百年慶讃法要が行われた。企《くわだ》てのごとくならば、席上「本門寺改称」が厳かに宣言されるはずであった。

だが阿部管長は、御宝前で読み上げた慶讃文《けいさんもん》において、わざと池田に当てつけるように

「**大本門寺の寺号公称は、広宣流布達成の未来にある**」(取意)

と述べた。ここに本門寺改称の大陰謀は、完全に潰《つい》え去ったのであった。

「修羅と悪竜の合戦」

これを最前列で聞いていた池田大作は、たちまち憤怒《ふんぬ》の形相《ぎょうそう》となった。彼は帰るや、直ちに阿部管長への罵《のの》りを始めた。それがまた阿部管長の耳に入る。互いに「夢のごとくに妄語出来して」、これよりいよいよ凄絶《せいぜつ》そして泥沼のような「修羅と悪竜の合戦」（報恩抄）が始まる。

池田が「ニセ法主」「法滅の法主」「天魔日顕」「極悪日顕」と悪罵《あくば》すれば、阿部管長も池田の法華講総講頭職剥奪《はくだつ》、創価学会破門、さらに池田大作の信徒除名を以て対抗した。

総講頭罷免《ひめん》は平成二年十二月だった。その翌一月には、阿部管長は全国の教師（住職）を本山に召集し、こう述べている。

「正本堂を三大秘法抄の戒壇と云い出した一番の元《もと》は、池田大作だ。宗門は巻きこまれただけだ」（大日蓮・平成三年二月号）

卑怯にも、御遺命破壊の大罪を、池田ひとりになすりつけたのだ。阿部管長は共犯者ではないか。しかるに己れの罪には口を拭《ぬぐ》い、被害者のような顔をしている。

かと思えば、この三月《みつき》後の虫払法会《むしばらいほうえ》では、高座に上《のぼ》ってこう説法する。

「本宗信徒一同は、正本堂の世界に冠たる素晴らしい建物を仰ぎつつ、その然るに至った広布の相よりして、日達上人の仰せの如く、三大秘法抄の意義を含む大功徳が存すること、かつ、戒壇の大御本尊ましますが故に現時における本門事《じ》の戒壇であり、……常に参詣し、懺悔滅罪すべきであります」

なんと破廉恥《はれんち》にも、細井管長の訓諭を引いて誑惑の正本堂を讃嘆し、信徒に登山を勧めているではないか。この発言は、正本堂をエサに多くの学会員を宗門に取り込み、登山収入を図《はか》らんとの、卑しき心算から出ている。

所詮、自己保身しか眼中にない、卑怯で、無慚《むざん》で、無愧《むき》というのが、阿部管長の本性であった。――この上は、もう諸天の責めを待つのほかはなかった。

平成九年六月、顕正会の死身弘法はついに五十万に達した。そしてこの年の春、御在世以来の最大といわれる大彗星が出現した。――正系門家は御遺命に背いて濁乱し、加えて日本一同は御本仏を軽賤している。この大禍《だいか》により、今ついに時来たって、亡国が近づいて来たのである。

私は一国諫暁に立つべき時を感じた。ゆえに謹んで本部会館の御宝前にその

旨を奉告申し上げた。その奉告文に云く

「しかしながら、御法魂たる本門戒壇の大御本尊が未だに誑惑不浄の正本堂に居《す》えられ奉っていること、その恐れ多さを思えば身は縮み、未だ御奉公の足らざること、己《おの》れの非力、ただ愧《は》じ入るばかりであります」と。

この申しわけなさを懐きつつ、一国諫暁に立ったのであった。

この諫暁をなすに当って、これまで「日蓮正宗」を冠《かん》していたのを、「冨士大石寺顕正会」と改めた。

そのわけは、すでに「日蓮正宗」は国立戒壇の御遺命を放棄している。また学会との醜い抗争で国中の嘲《あざけ》りを受けている。どうしてこの宗名を冠して一国諫暁ができようか。よって日蓮正宗の源流たる、日興上人・日目上人の清き流れを表わす「冨士大石寺」を冠して立ったのである。

ちなみに、正系門家が「日蓮正宗」の宗名を用いたのは大正元年以降のわずか八十数年に過ぎない。そしてこの間に僧侶の妻帯、職業化等、今日の腐敗堕落の気運が醸成《じょうせい》されて来たのであった。

〝すべからく清らかな源流に戻るべし〟〝信心は御在世に、教学は日寛上人の昔に立ち還《かえ》るべし〟——この思いから「冨士大石寺顕正会」と名乗ったのでである。

一国諫暁よりほどなくして、ついに諸天は動いた。阿部管長が法廷に引っぱり出されたのである。この裁判は、阿部管長のスキャンダルを暴露した学会に対し、宗門が名誉毀損《きそん》に当るとして提訴《ていそ》したものだが、これが墓穴《ぼけつ》となった。

学会弁護団は再度にわたって阿部管長を直接尋問する機会を得た。事柄は、阿部管長が教学部長時代の海外出張において、夜の巷《ちまた》で起こしたとされる、聞くも穢《けが》らわしき醜行である。

学会弁護団の尋問は、猫がネズミを嬲《なぶ》るごとくの執拗さだった。この堪えがたい恥辱に、阿部管長の憤怒《ふんぬ》は沖天《ちゅうてん》に達した。

この憤怒は、池田が「仏教三千余年　史上空前の偉業」「私の出世の本懐」等と誇っていた正本堂に向けられた。ここに阿部管長は、正本堂を打ち壊わすことを決意したのであった。——阿部管長を憤激せしめ正本堂打ち壊わしに駆り立てたこの自界叛逆こそ、まさしく諸天の働きそのものである。

不思議の還御《かんぎょ》

平成十年四月五日夕刻、突如として本門戒壇の大御本尊は、誑惑不浄の正本堂から元の奉安殿に還御《かんぎょ》あそばされた。実に昭和四十七年十月七日以来、二十六年ぶりの御帰還《ごきかん》であられた。

凡慮《ぼんりょ》を絶する不思議とはこのことである。

細井管長は正本堂の意義を定めた訓諭において「後代の誠証《じょうしょう》となす」と壮語し、また正本堂に戒壇の大御本尊を居《す》え奉る際には「この正本堂に大御本尊を永久に安置する」と公言したではないか。

池田大作も正本堂の記念品埋納式において、落慶法要に着用した細井管長の法衣と自身のモーニングを正本堂の地下室に納め「三千年後、一万年後にこの地下室を開ける」と豪語したものである。

これらを見ていた宗門全僧俗の誰人が、二十六年後に還御あそばすことを予想し得たであろうか。しかるに今、凡慮を絶して戒壇の大御本尊は「不思議の還御」をあそばしたのである。

還御の五日後、顕正会は御遺命守護完結奉告式を奉修した。私は本部会館の

轟音とともに打ち砕かれた誑惑不浄の正本堂（平成10年8月）

御宝前に進み出て、謹んで大聖人様に言上申し上げた。

「大聖人様――。本門戒壇の大御本尊が恐れ多くも誑惑不浄の正本堂に居《す》えられ奉ってより今日まで、実に二十六年の長き歳月が流れました。しかるところ、嗚呼《ああ》ついに、本年四月五日の午後四時、大御本尊は、清浄なる元の奉安殿に還御あそばされました」

あまりの不思議、あまりの有難さ、参列の全幹部は紅涙をしたたらせ、その嗚咽《おえつ》は場内に満ちた。

まことに、まことに、大聖人様は御遺命破壊の大悪を断じて許し給わず、ゆえに顕正会をして立たしめ諫暁せしめ、諸天をして自界叛逆を起こさしめ、ここに堂々の還御をあそばしたのである。

引き続き、正本堂の取り壊わしが始まった。その轟音は富士山麓にこだまし、やがて誑惑不浄の正本堂も、その姿を永遠に地上から消した――。

すべては諫暁書のままになったのである。

誑惑者たちの正体

さて、正本堂のたばかりにおいて、主犯は池田大作、共犯は阿部信雄《しんのう》(現日顕管長)であるが、この二人には共通点がある。
――それは、戒壇の大御本尊への信がないということと、謗法与同も平然と犯すという、想像しがたい腐敗堕落であった。
まず池田大作のそれを見てみよう。彼は平成五年五月三日の記念勤行会なる集会で、クリスチャンの安斉伸(上智大学名誉教授)との対談を紹介し、安斉伸が
「池田名誉会長が板曼荼羅《いたまんだら》に偏狭にこだわっておられないことに、非常に感動しました」と讃嘆したことを伝えている。(聖教新聞・平成5・5・5)
御本仏の出世の御本懐たる戒壇の大御本尊に「偏狭にこだわらぬ」とは何事

中国の某大学の「名誉教授」を受ける
池田大作（聖教新聞・平成14・12・13日付）

か。大御本尊に背き奉ること、これより甚だしきはない。このような悪心の者だから、誑惑不浄の正本堂に大御本尊を居《す》え奉っても平然たり得たのであろう。

さらに池田は、学会版経本の観念文と、改正した学会会則の文言から、「本門戒壇の大御本尊」の御名を故意に削除している。これは、学会員に戒壇の大御本尊を捨てしむる魂胆からである。

また池田の無量の謗法与同の一・二を挙げれば、正本堂完工式にキリスト教神父を招いたのを始め、平成十一年十月七日には公明党代表・神崎武法の名を以て、日本国中の邪宗に対して友好を求める「挨拶文」を送附し、その三日後の立正佼成会教祖・庭野日敬の葬儀には、二人の副会長等を学会代表として列席せしめている。

次に阿部管長のそれを見てみよう。

この者の「戒壇の大御本尊」不信は、さらに陰《いん》に籠《こも》っている。

高座で説法する阿部日顕管長
(宗門布教誌「妙教」平成14・9・7日刊)

この男、日頃より御真筆御本尊研究に造詣《ぞうけい》あるを周囲にひけらかす衒学癖《げんがくへき》があったが、昭和五十三年当時、学会との抗争で沸騰《ふっとう》していた宗門の中で、ひとり池田に内通していたことを、細井日達管長に叱責された。出世の道が閉ざされたと思い込んだ彼はこれに逆心を懐く。その腹いせで、細井管長への批判とともに戒壇の大御本尊への謗言を、長年の腹心・河辺慈篤《じとく》に吐いた。腰を抜かすほど驚いた河辺はその発言を記録しておいた。それがいわゆる「河辺メモ」である。

「河辺メモ」によれば、日付は昭和五十三年二月七日、場所は帝国ホテル、もちろん二人だけの密談である。

このとき阿部信雄は、まことに荒唐《こうとう》無稽《むけい》な邪推を以て、戒壇の大御本尊に対し奉り大それた誹謗を加えている。あまりに恐れ多いので、その悪言を私はあえて掲《かか》げない。ただし、阿部管長に対面の折あれば、面詰《めんきつ》して一刀両断、大御本尊の御前《おんまえ》で五体投地の謝罪をさせること、ここにはっきりと記《しる》しておく。

「河辺メモ」は平成十一年七月、宗内に流出したものであるが、その経緯はともかく、このようなものが流出したこと自体、諸天がこの男の法衣《ほうえ》の下の正体を、白日の下《もと》に晒《さら》したものといえよう。

　また阿部管長の謗法与同を見るに、平成七年六月六日、なんと身延派の管長に就任する直前の田中日淳ら一行を、大石寺に招いている。

　このとき宗門側の接待役を命ぜられたのが、これまた阿部管長の腹心・高野日海（能化・参議会議長）である。高野は御影堂、大客殿、正本堂を田中に見せて廻わったあと、蓮葉庵《れんようあん》で丁重なもてなしをしている。

　このほか、身延派坊主の大石寺訪問は一度や二度ではない。今日まで幾たびにもわたっている。阿部管長の不純な信心の実態はかくのごとくである。

　正本堂の誑惑崩壊とともに、池田大作と阿部管長の正体は、このように白日の下に晒された。これが諸天の働きなのである。
　二人には魔が入ったのだ。最蓮房御返事に云く
　「第六天の魔王　智者の身に入りて、正師を邪師となし、善師を悪師となす。経に『悪鬼入其身《あっきにゅうごしん》』とは是れなり。日蓮智者に非《あら》ずと雖《いえど》も、第六天の魔王我が身に入らんとするに、兼《かね》ての用心深ければ身によせつけず」と。

いますでに広布の前夜であれば、第六天の魔王は必ず正系門家のスキを窺《うかが》う。天魔はまず大慢心の池田の身に入り、ついで貪著利養《とんじゃくりよう》の六十六・六十七世の二代にわたる管長の心をも射《い》たのである。

正本堂崩壊ののちも、宗門は「国立戒壇」を放棄したままである。そして池田も阿部管長も、未だに「顕正会の国立戒壇は田中智学のマネ」などの痴言《ちげん》を弄《ろう》している。

これら無慚《むざん》の輩を破責するため、改めて二人の謗法の醜面を鏡に浮べておく。

両者共通の仏法違背は次の三つ。すなわち

一に、御本仏の御遺命を破壊せんとしたこと
二に、戒壇の大御本尊を謗《ぼう》じ奉ったこと
三に、邪宗謗法と与同《よどう》したこと

詮ずるところ、彼らには信心がなかったのである。

「大事には小瑞なし」

広布前夜の正系門家に、このような大悪が起きたことは、まことに恐るべきことである。だが

「大事には小瑞《しょうずい》なし、大悪起これば大善きたる」（大悪大善御書）と。御遺命を破壊せんとしたこの大悪こそ、まさしく御遺命がいよいよ成就する大瑞《だいずい》ではないか。

いま亡国の予兆は月々日々にその色を増している。このとき、御遺命を命かけて守護し奉った顕正会は、解散処分をも乗り越え、その死身弘法すでに百万に達せんとしている。

この地涌《じゆ》の大集団は、一念も御本仏を忘れ奉らず、一切世間の名利を求めず、毀誉褒貶《きよほうへん》を顧《かえり》みず、ただ御本仏日蓮大聖人の大恩徳を一国に顕わすことのみを命《いのち》としている。

さあ！　全顕正会員、いよいよ大聖人御馬前の戦いである。全員手を携《たずさ》え、歓喜勇躍して猛進しようではないか――。

平成十四年十二月二十日

冨士大石寺顕正会

会長　浅井昭衞

「正本堂の誑惑を破し懺悔清算を求む」

平成一四年一二月二五日　発行
令和 五 年一一月一五日　第4刷

著　者　淺　井　昭　衞

発行所　冨士大石寺顕正会
埼玉県さいたま市大宮区寿能町一―七二―一